Kauf-Ratgeber Gebrauchthaus

Reihe: Bau-Rat

Carsten Biehlig

Kauf-Ratgeber Gebrauchthaus

So finde ich das richtige Haus

2., vollständig neu bearbeitete Auflage

BLOTTNER VERLAG · TAUNUSSTEIN

Dieses Buch erscheint in der Reihe „**Bau-Rat:**"

Bibliografische Information der Deutschen Bibliothek:
Die Deutsche Bibliothek verzeichnet diese Publikation in der
Deutschen Nationalbibliographie; detaillierte bibliographische
Daten sind im Internet über **http://dnp.ddb.de** abrufbar.

Der Autor dieses Buches, Dipl.-Ing. (FH) Carsten Biehlig, ist auch Mitautor der vergriffenen
ersten Auflage dieses Werkes, die unter dem Titel „Wegweiser zur Gebrauchtimmobilie"
erschienen war. Nach umfassender Überarbeitung wurde dieser Ratgeber unter seinem neuen
Titel „Kauf-Ratgeber Gebrauchthaus" in die eingeführte Buch-Reihe „Bau-Rat:" aufgenommen.

Bildnachweis: Dipl.-Ing. Carsten Biehlig
Lektorat: Eberhard Blottner, Lisa Marie Glass
Umschlaggestaltung: Britta Blottner
Umschlagfoto: Friedhelm Thomas
Satz, Layout: Lithotronic Media GmbH, 63303 Dreieich
Druck: Rohland & more Mediengesellschaft mbH, Offenbach am Main

© 2007, Eberhard Blottner Verlag GmbH, D-65232 Taunusstein
ISBN: 978-3-89367-112-9

Die energetische Analyse einer Immobilie   91

Die am Kauf beteiligten Personen   97

Gesetzliche Anforderungen an das Gebrauchthaus   110

Vorwort

Der Erwerb dieses Buches wird sich für seinen Käufer bald als eine lohnende Anlage erweisen: Weil jeder Leser, der sich mit mehr als nur mit einer Wunschvorstellung für den Kauf einer Wohnimmobilie interessiert, aus diesen Informationen kurz und bündig geldsparenden und den Wohnwert fördernden Nutzen ziehen wird.

Das Buch macht schnell und gut verständlich aufmerksam, zum Beispiel auf sehr unterschiedliche, oft fehlende oder gern im Unverbindlichen verbleibende Ist- bzw. Soll-Beschreibungen. Als ausgewiesener Architekt und Immobilienfachmann gibt Carsten Biehlig wertvolle Tipps und macht an vielen Stellen auf geschickt genutzte Möglichkeiten aufmerksam, die sich speziell in Verbindung mit dem Kauf von Gebrauchthäusern anwenden lassen.

Die unter dem neuen Titel „Kauf-Ratgeber Gebrauchthaus" vorliegende, vollständig überarbeitete und inhaltlich stark konzentrierte Auflage des bisherigen „Wegweiser zur Gebrauchtimmobilie" vermittelt dem Leser wichtige baubezogene Kenntnisse und viele wertvolle, aus dem Immobiliengeschäft gewonnene Erfahrungen, mit deren Kenntnis sich der Immobilienkäufer vor großem wie auch vor kleinem Schaden noch besser schützen kann.

Der Inhalt dieses Buches beruht auf Ergebnissen und Erfahrungen aus der Beratung und Bewertung beim Kauf und Verkauf von Wohn-Immobilien. Mit der vorliegenden Neubearbeitung stehen dem Kaufinteressenten diese nützlichen Informationen und Ratschläge für den Hauskauf noch anwendungsbezogener zur Verfügung.

Wie möchten wir wohnen – was können wir uns leisten?

Am Anfang steht die Bedarfsanalyse

Wer hat ihn nicht – den Traum vom eigenen Haus. Der Wunsch, eine eigene Immobilie zu erwerben, kann verschiedene Gründe haben, z.B. Eigentum statt Miete oder eine Altersvorsorge zu schaffen oder mehr Platz für den sich einstellenden Nachwuchs zu haben.

Um sich ein genaues Bild vom Wunschobjekt zu machen, ist es sinnvoll, sich zunächst eine klare Vorstellung über Grundsätzliches zu verschaffen. Dazu sollte man sich folgende Fragen stellen:

- Wo möchte ich wohnen (die Lage des Objektes)?
- Wie möchte ich wohnen (Eigenheim, Doppelhaus usw.)?
- Was kann ich bezahlen?

Nachdem Sie erste grobe Vorstellungen entwickelt haben, können Sie sich im Immobilienteil Ihrer Tageszeitung einen Überblick verschaffen. Sammeln Sie die Immobilienteile über ein paar Wochen hinweg, um Vergleichswerte zu erlangen und den örtlichen Markt und seine Teilnehmer kennen zu lernen.

Tipp   *In vielen Städten und Gemeinden werden regelmäßig „Kaufpreissammlungen" veröffentlicht. Hier werden alle regionalen Immobilienverkäufe anonym statistisch ausgewertet, bezogen auf die Objektart, Lage, Größe, den Preis usw. Die Broschüre ist in der Regel über das Bauamt, Kataster- oder Grundbuchamt erhältlich. Einige Gemeinden veröffentlichen Kaufpreissammlungen auch in Teilen im Internet.*

Realistische Vorstellungen für das Traumhaus zu entwickeln, erfordert eine Überlegung von Mindestanforderungen. Alle vom Kauf betroffenen Familienmitglieder sollten unabhängig voneinander ihre Wünsche und Anforderungen an ein eigenes Haus darlegen. Zielsetzung ist es, Übereinstimmungen zu finden, damit das Haus möglichst vielen Ansprüchen und individuellen Bedürfnissen gerecht werden kann.

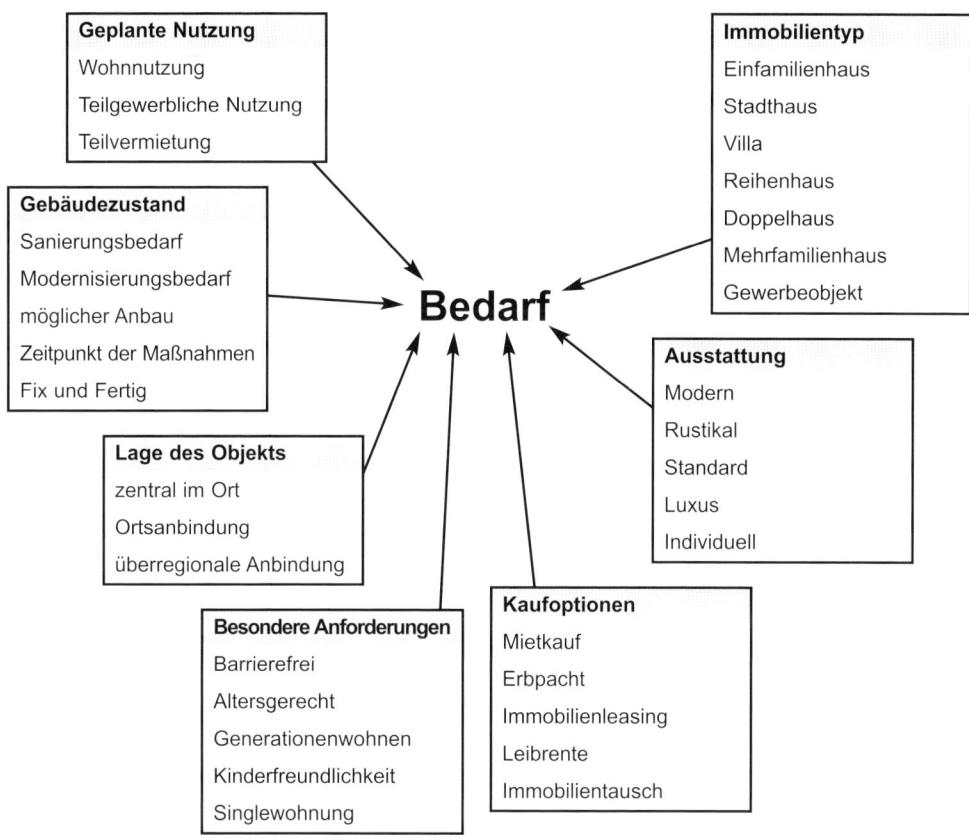

Abb. 1: Bedarfsanalyse (Biehlig)

Wie viel Platz benötigen wir?

Um den Raumbedarf zu ermitteln, ist es hilfreich zu wissen, wie groß die Zimmer in der Regel sind und welche Nutzungsanforderungen an die jeweiligen Räume gestellt werden. Kreatives und individuelles Wohnen entsteht in der Regel nicht von heute auf morgen, sondern muss gut geplant sein.

Die benötigte Wohn- und Nutzfläche ist individuell unterschiedlich. Statistisch verfügt jeder Bundesbürger über ca. 30 – 40 m² Wohnfläche. Übliche und praktikable Raumgrößen nebst Mindestmöblierung sind in folgender Übersicht aufgeführt. Diese hilft Ihnen bei der Zusammenstellung Ihres individuellen Raumbedarfs:

Raum	Größe Soll	Größe Ist	Möblierung/Nutzung	Eigene Notizen
Eltern	16 m²		Doppelbett, Schrankwand, Nachtisch, Kommode	
Kinderzimmer	10-16 m²		Bett, Schreibtisch, ca. 4 m² freie Spielfläche, Regale, Schrank	
Doppelkinder-zimmer	16 m²		Etagenbett, zwei Einzel-betten, sonst wie Kinder-zimmer	
Wohnzimmer	20-25 m²		Schrankwand, Sofagarnitur mit Sesseln, Couch, Tisch, Regale, TV, Telefon	
Küche	8-12 m²		mit oder ohne Essecke, Kücheneinrichtung z.B. Geschirrspüler, Einbau-schränke usw.	
Badezimmer	5-10 m²		Dusche, WC, Badewanne, Waschmaschine usw.	
Gäste-WC	2-4 m²		mit/ohne Dusche	
Abstellraum	2-4 m²		Abstellraum in der Wohnung für z.B. Staub-sauger, Kinderwagen usw.	
Hauswirt-schaftsraum	6-10 m²		Wenn keine Unterkellerung vorhanden ist, kann dieser auch als Allzweckraum genutzt werden.	
Arbeitszimmer	8 m²		Schreibtisch, Stuhl, Regale usw.	
Gästezimmer	8-12 m²		Bett, Schrank, Stuhl, Tisch usw.	
Flure	ca. 10% der Wohn-fläche		Garderobe, Schuhschrank usw.	
Sonstige			Raum für die Sauna, Hobbys, Sammlungen	
Keller			Vollkeller, Teilkeller, Kellerersatzraum	
Außenräume			Garage, Carport, Schuppen	

Für eine vierköpfige Familie werden mindestens 80 – 100 m² Wohnfläche benötigt. Zusätzlich werden in den meisten Landesbauordnungen (LBO) für Wohnungen 6 m² Abstellraum im Haus gefordert (z.B. im Keller oder im Dachraum) sowie 1 m² innerhalb der Wohnung. Wichtig ist ein optimal geschnittener Grundriss, denn je verschachtelter der Grundriss ist, desto proportional größer wird die benötigte Wohnfläche sein.

Viele Bungalows, Doppelhäuser, Einfamilienhäuser und Reihenhäuser erfüllen diese Ansprüche. Deren gängige Größen liegen zwischen 100 – 140 m² Wohn- und Nutzfläche. Wie in diesem Buch noch erläutert wird, gibt es Möglichkeiten, ein auf dem ersten Blick nicht geeignetes Objekt den eigenen Bedürfnissen entsprechend umzugestalten und anzupassen.

Barrierefreiheit: Anforderungen und Bedürfnisse

Alles was nicht den Standardausführungen einer Wohnimmobilie entspricht, sollte gesondert erfasst und geprüft werden. Bedenken Sie, dass Sie in der Regel ein fertiges Haus kaufen werden, das entsprechend den Wünschen seines Vorbesitzers individuell ausgestattet wurde.

Eine Übereinstimmung der Bedürfnisse von Verkäufer und Käufer ist selten gegeben und schränkt deshalb auch die Auswahl der Objekte ein.

Bedenken Sie ihre individuellen Anforderungen an ein Haus und beziehen Sie diese in Ihre Überlegungen generell mit ein. Dazu zählen beispielsweise:

- Berücksichtigung der vorhandenen Möblierung.
- Eine außergewöhnlich hohe Anzahl von Nutzern, z.B. vier Kinder, Großeltern, Au-Pair-Mädchen usw.
- Behinderungen oder Krankheiten von Familienmitgliedern.
- Vorbereitungen für das Wohnen im Alter (Barrierefreiheit).
- Wohnen und Gewerbe (Büro/Werkstatt/Atelier).
- Wohnen und Vermieten.
- Kauf mit mehreren Parteien (Erwerbergemeinschaft); Nutzung ähnlich wie zwei Wohneinheiten.
- Suche nach einem Sanierungsobjekt.

Behindertengerechtes barrierefreies Wohnen

Den Lebensabend in der eigenen Immobilie zu verbringen, ist ein Wunsch den viele Menschen hegen. „Alt werden" im eigenen Heim ist somit ein häufiger Erwerbsgrund, und auch die Statistik zeigt, dass immer mehr ältere Menschen eine Immobilie kaufen oder die bereits vorhandene tauschen möchten. Gründe hierfür sind die geänderten Anforderungen an die Nutzungsbedingungen, z.B. der Auszug der Kinder oder der Wunsch nach zentralerem Wohnen.

Leider sind mit dem Älterwerden auch zusätzliche Behinderungen und Einschränkungen der Bewegungsfreiheit verbunden. Bereits bei der Objektbesichtigung, spätestens aber noch vor dem Kauf eines Hauses, sollte deshalb darauf geachtet werden, ob bzw. mit welchem Aufwand (Umbaumaßnahmen) es möglich ist, behindertengerechtes, also barrierefreies Wohnen, zu realisieren.

Barrierefreiheit gehört damit zu den Anforderungen, die bei der Auswahl eines Kaufobjektes zu beachten sind.

Tipp   *Der private Erwerb eines Wohngebäudes ist an keine rechtlichen Vorgaben für behindertengerechte bauliche Ausstattungen gebunden. Dem Kaufinteressenten ist deshalb anzuraten, dazu eine eigene Zustandsanalyse zu erstellen. Zumal es besonders in diesem Bereich gravierende Unterschiede gibt. Denn „barrierefrei" muss z.B. nicht generell bedeuten, dass damit bereits automatisch eine individuelle Anpassung an die Lebensumstände der neuen Bewohner verbunden wäre.*

Das so genannte **Betreute Wohnen** wird häufig im Verbund mit Barrierefreiheit beworben. Betreutes Wohnen bedeutet, dass pflegerische Angebote oder/und Notrufsysteme im Wohnmodell bereits integriert sind. Zu diesen Angeboten gehören u.a.: Physiotherapeutische Maßnahmen, Körperpflege oder direkte Pflegemaßnahmen durch eine ausgebildete Fachkraft.

Weitere Möglichkeiten sind Essensangebote und ein Unterhaltungsprogramm im Haus, z.B. durch einen integrierten Gruppenraum. Modelle zum Betreuten Wohnen werden häufig von Hilfsverbänden wie dem DRK oder ähnlichen Institutionen unterstützt. „Betreutes Wohnen" bedeutet überwiegend, dass eine Eigentumswohnung angeboten wird.

Um Barrierefreiheit beim Wohnen zu schaffen, sollten weitere Anforderungen beachtet werden:

Für **sehbehinderte Menschen** sind die Räume hell, nichtblendend und schattenlos auszuleuchten. Stolperfallen wie Stufen, Schwellen oder Kanten sollten vermieden werden. Orientierungshilfen wie Hinweisschilder, Schalter oder Griffe sind durch kontrastreiche Farben im gleichen Ton kenntlich zu machen. Taktile Hilfen sind beispielsweise Materialunterschiede und Handläufe. Alle Verglasungen sollten bruchsicher (Verbundsicherheitsglas VSG) ausgeführt werden.

Für **Gehörlose** und für Menschen mit einer Hörbehinderung sollten ausgeglichene rauma-kustische Bedingungen herrschen, um die Verständlichkeit von Geräuschen und Lauten zu verbessern (Nachhallzeit). Schallmindernde Maßnahmen gegen erhöhten Lärm von drau-ßen (z.B. Straßenlärm) sind ebenfalls nützlich. Die Räume sollten hell, nichtblendend und schattenlos ausgeleuchtet sein, um ein Ablesen von den Lippen zu erleichtern. Akustische Signale, wie das Klingeln der Haustürklingel oder des Telefons, sind durch optische Signale zu ersetzen.

Für **kleinwüchsige Menschen** sind der Greifbereich und die Sichthöhe häufig begrenzt. Individuell ist auf notwendige Höhen zu achten (z.B. Fensterbrüstung, Möbel usw.). Darüber hinaus erhöhen sich die Stellflächen für Schränke, da Oberschränke oder obere Fächer schlecht erreichbar sind.

Bei den Außenanlagen sind alle notwendigen Bereiche zu prüfen. Ist kein ebenerdiger Zugang möglich, helfen Rampenanlagen (max. 6 % Steigung), Treppenumbauten oder Treppenlifte. Wege sind mit einem geeignetem Belag zu versehen. Die Hauseingangstür muss eventuell verbreitert (Mindestbreite: 90 cm, Höhe: 210 cm) und ohne Schwelle aus-geführt werden. Empfehlenswert wäre auch ein pneumatischer Antrieb. Klingel- oder sonstige Schaltanlagen sollten, ebenso wie der Briefkasten und die Müllplätze, überprüft werden. Der PKW-Stellplatz im Freien oder in einer Garage ist an Mindestanforderungen für seine Zugänglichkeit anzupassen. Die Bewegungsfläche vor der Längsseite eines Wagens muss mindestens 150 cm tief sein. Daraus ergibt sich eine Gesamtstellplatzbreite von 350 cm.

Rollstuhlgerechtes Wohnen erfordert in der Regel besondere Maßnahmen, da grund-sätzlich alle Bewegungsflächen des Hauses zu prüfen sind. Die Bewegungsflächen dürfen sich nicht überlagern oder durch Heizkörper, Mauervorsprünge oder ähnliches verbaut sein. Diese müssen, wenn sie rollstuhlgerecht ausgeführt werden, 85 cm breit und 120 cm lang sein. Es ergibt sich somit eine Mindesttiefe von 1,20 m vor Möbelstücken u.a.

Je nach Bedürfnis müssen alle bedienbaren Installationen, z.B. in der Küche, auf eine Höhe von 85 cm verlegt werden, wenn eine rollstuhlgerechte Bedienbarkeit gewährleistet sein soll. Dazu zählen Lichtschalter, Steckdosen, Heizungsventile, Armaturen und Fenster- bzw. Türgriffe.

Wer das Badezimmer umbauen muss, sollte folgende Grundlagen beachten: Sämtliche Bedienelemente sind anzupassen, zusätzliche Haltegriffe können befestigt werden, wie z.B. Badewanneneinstiegshilfen. Die Einrichtungsgegenstände sowie das WC und der Waschtisch sollten in der Höhe angepasst sein. Ein unterfahrbares WC und eine Badewanne mit rutschhemmenden Bodenbelag sind von großem Vorteil. Zudem muss die Bewegungsfläche des Sanitärraums mindestens 120 cm breit sein. Die Tür darf nicht in den Raum einschlagen.

Diese Beispiele zeigen einige sehr wesentliche Anforderungen und Varianten des barrierefreien Wohnens. Sie zeigen auch, wie wichtig es ist, bei einem geplanten Umbau systematisch vorzugehen. Anhand der individuellen Bedürfnisse können Sie auch hier eine Bedarfsanalyse erstellen.

Förderung von Maßnahmen zum barrierefreien Wohnen

Die Pflegeversicherung gewährt finanzielle Zuschüsse für Maßnahmen zur Verbesserung des individuellen Wohnumfeldes. Viele der oben genannten Beispiele sind förderfähig, wenn dadurch im Einzelfall die häusliche Pflege ermöglicht oder erheblich erleichtert wird und eine möglichst selbständige Lebensführung des Pflegebedürftigen wiederhergestellt ist. Jedes Bundesland vergibt zusätzliche Zuschüsse, meist in Form von zinsverbilligten Darlehen.

Fördermittel für Schwerbehinderte zu Wohnungsbaufördermaßnahmen sind abhängig von dem Behinderungsgrad und/oder den Einkommensgrenzen. Bei erheblicher Überschreitung können zusätzlich Darlehen im Rahmen des Sozialprogramms der Deutschen Ausgleichsbank (DtA) über die Hausbank beantragt werden. Möglich sind diese Programme bei behindertengerechtem Umbau der Wohnung oder des Hauses oder bei Anpassung des Wohnraums an die Bedürfnisse schwerbehinderter Menschen.

Tipp   *Grundsätzlich besteht kein Rechtsanspruch auf Fördergelder. Es ist daher wichtig, sich über die Förderungsgrundlagen des jeweiligen Bundeslandes zu informieren. Bei der Antragstellung darf der Bau noch nicht begonnen und noch kein Kaufvertrag unterschrieben sein. Die Mittel werden nach dem Eingangsdatum oder nach sozialer Dringlichkeit vergeben. Weiterhin gilt die Einkommensgrenze, darüber hinaus ist eine Eigenbeteiligung zwischen 10-25 % zu erbringen. Als Eigenkapital sind auch Eigenleistungen möglich. Die Wohnungsgröße muss entsprechend ihrer Zweckbestimmung angemessen sein.*

Beim Umbau eines Objektes sind sehr viele einzelne und individuelle Aspekte zu beachten. Wer einen Umbau seines Wunschobjektes plant, kann dabei auf erhebliche Schwierigkeiten und Kosten stoßen. Lassen Sie sich deshalb von einem Fachmann beraten!

Bereits fertiggestellte Objekte sind eingehend auf Ihre individuellen Bedürfnisse und Anforderungen zu überprüfen.

Eigentumswohnungen mit dem Prädikat „Barrierefreies/Betreutes Wohnen" sind in der Regel teurer als vergleichbare Objekte. Wer seine Immobilie als Altersruhesitz möglichst lange nutzen möchte, muss daher schon beim Kauf sehr sorgfältig und vorausschauend vorgehen.

Wohnen und Gewerbe

Wer selbst ein Gewerbe betreibt, kann bei der Wahl seiner Wunschimmobilie zumindest versuchen, dies mit zu berücksichtigen. Neben steuerlichen Vorteilen gibt es oft auch Fördermöglichkeiten der Kommunen, der KfW (Kreditanstalt für Wiederaufbau) oder der landeseigenen Investitionsbanken. Neben baurechtlichen Aspekten (nutzungsbedingt) sind dabei vor allem persönliche Aspekte zu betrachten.

Steuerliche Aspekte bei teilgewerblicher Nutzung:

- Nutzung von Abschreibungen.
- Gewinne oder Verluste aus Vermietung und Verpachtung sind je nach Gesellschaftsform absetzbar.
- Auszuweisende Mehrwertsteuer bei Immobiliengeschäften im gewerblichen Bereich.
- Absetzbarkeit von Investitionen, sofern diese betriebsbedingt sind.
- Nutzung von Fördergeldern bei Trennung der Finanzierung in private und gewerbliche Nutzung.
- Vorgaben des Finanzamtes zur steuerlichen Anerkennung von Arbeitszimmern sind zu beachten.

Nutzungsbedingte Aspekte bei teilgewerblicher Nutzung:

- Eine räumliche Trennung zwischen Wohnen und Gewerbe sollte unbedingt gewährleistet sein.
- Belästigungen durch Betriebsabläufe wie Kundenverkehr oder Lärm sind zu vermeiden.
- Baurechtliche nutzungsbedingte Auflagen (Brandschutz, Emissionsschutz, Genehmigungsfähigkeit) sind vorher zu klären.
- Alle notwendigen Anträge sind in der Regel vor Beginn der geplanten Nutzung zu stellen.

Wenn Sie diese Form der Nutzung erwägen, so ist vorher ein genaues Anforderungsprofil zu erstellen. Bei der Suche können gewerblich genutzte Objekte in Gewerbe- oder Industriegebieten mit berücksichtigt werden. Diese Objekte sind in der Regel günstiger als reine Wohnimmobilien. Finanziell nachteilig können sich einzelne Aspekte, wie z.B. eine notwendige Spitzenlage für Büros oder den Einzelhandel, auswirken. Leider lassen sich in diesem Abschnitt nicht alle Einzelaspekte abdecken, die Nutzungsanforderungen und die damit verbundenen baurechtlichen Anforderungen sind zu unterschiedlich.

Ohne Sonderfachleute, z.B. Steuerberater, Architekten, Finanzierungsberater oder Betriebsberater der IHK bzw. der Handwerkskammer, ist von einem solchem Projekt abzuraten: Alle notwendigen Genehmigungen müssen vorher eingeholt werden. Unklarheiten sollten im Notarvertrag geregelt und immer mit einer kostenfreien Rückabwicklungsklausel abgesichert sein. Denken Sie immer an ein Leben nach der Selbstständigkeit!

Tipp   *Erwerben Sie ein solches Objekt niemals ohne dafür speziell ausgewiesene Fachleute, denn selbst für diese Spezialisten sind die damit verbundenen Risiken oft nur schwer zu erfassen. In den meisten Lagen sind Gewerbeobjekte nur schwer zu verkaufen. Minimieren Sie das Haftungsrisiko durch die Wahl der dafür im Einzelfall am besten geeigneten Gesellschaftsform.*

Wohnen und Vermieten

Der Traum vom kostenfreien Wohnen nach dem Motto „Meine Mieter zahlen die Fixkosten" ist so wohl kaum realisierbar, eventuell gelingt das einmal mit einer Einliegerwohnung oder mit der Vermietung eines Fremdenzimmers.

Bei dem Kauf eines Hauses mit mehr als zwei Wohneinheiten gelten erhöhte Anforderungen aus der Landesbauordnung (LBO). Dies betrifft die Abrechnung der Nebenkosten, den Brandschutz und verschiedene Nutzungsaspekte, wie zum Beispiel Waschküchen und Abstellräume. Bei wesentlichen baulichen Veränderungen entfällt in der Regel der Bestandsschutz.

Das Mietrecht ist kompliziert und eine falsche Finanzierung, kombiniert mit Leerständen, lässt die Finanzierung schnell platzen. Bei der Wahl eines **Mehrfamilienhauses (MFH)** sind daher, neben den persönlichen Anforderungen, noch weitere Kriterien zu beachten: Oftmals müssen die Mieter übernommen werden, denn „Kauf bricht nicht Miete". Und wenn keine Wohnung für den Privatgebrauch im Hauskomplex frei ist, dann ist eine Kündigung wegen Eigenbedarf zwar möglich, die sich aber in ihrer Realisierung durchaus als sehr langwierig erweisen kann.

Unterschiedliche Kündigungsfristen von Mietverträgen, auftretende Härtefälle oder Umzugskostenzuschüsse sollten zwischen den Parteien möglichst ohne Gerichtsverhandlungen geklärt werden, denn in der Regel gewinnt dann keine Seite - außer die der Anwälte.

Grundsätzliche steuerrechtliche und finanzierungstechnische Aspekte:

- Eine Trennung der Nutzungseinheiten sowie eine gesonderte Erschließung müssen gegeben sein.
- Die Finanzierung sollte in zwei Kredite aufgeteilt werden: Privat- und Vermietungsanteil.
- Alle anfallenden Kosten aus der Finanzierung oder der Renovierung müssen getrennt abgerechnet werden.
- Wer an Familienangehörige vermietet, muss eine ortsübliche Vergleichsmiete erzielen und den Geldfluss nachweisen.
- Verluste oder Gewinne aus Vermietung und Verpachtung werden mit dem Jahreseinkommen verrechnet und machen sich dem Steuersatz entsprechend bemerkbar.
- Abschreibungsmöglichkeiten sind dem Einkommen entsprechend zu verteilen.
- Eine Einzelfallberechnung bei Arbeitslosigkeit oder Leerstand ist in die Finanzierung mit einzubeziehen.

Nutzungsbedingte Aspekte bei einer geplanten Teilvermietung:

- Alle Einheiten sind getrennt zu erschließen und entsprechend der Landesbauordnung auszustatten (Bad/Küche/Abstellraum).
- Prüfen Sie Ihren zukünftigen Mieter sehr genau, hier können alte Freundschaften zu Bruch gehen.
- Schallschutz und Privatsphäre sind sehr wichtig, beides ist nicht immer gewährleistet. Sie sind jetzt Vermieter und nicht mehr Mieter!
- Der regionale Wohnungsmarkt muss entsprechend der Wohnungsgrößen auf eine Vermietbarkeit hin geprüft werden.
- Entsprechend der Anzahl der Wohneinheiten ist eine Nebenkostenabrechnung zu erstellen.

Die einfachste Form des Wohnens und Vermietens ist der Erwerb eines Zweifamilienhauses. Gemäß den Landesbauordnungen bestehen hier in der Regel keinerlei erhöhte Anforderungen. Die Nebenkostenabrechnung ist nicht durch eine getrennte Erfassung zu erstellen und die Umwandlung des Hauses in ein **Einfamilienhaus (EFH)** oder in eine komplette Vermietung sind unproblematisch. Als Einsteigermodell ist diese Form zu empfehlen, denn das finanzielle Risiko ist begrenzt und für die Zukunft stehen noch alle Türen offen. Bei Unklarheiten sind selbstverständlich Sonderfachleute und der Steuerberater zu Rate zu ziehen.

Tipp   *Wer ein MFH erwirbt, unterliegt den Gesetzen des Marktes. Die Bewertung wird entsprechend den Mieteinnahmen mit dem Ertragswertverfahren durchgeführt. Leider hat sich der Markt für MFH, außer in einigen Ballungsgebieten und in sehr guten Lagen, in den vergangenen Jahren überwiegend abwärts bewegt, sodass sich eher ein Objekt empfiehlt, das sich auch in ein EFH umwandeln lässt, da so das Risiko einer Abwertung geringer wird.*

Die Bundesregierung plant umfassende Reformen zur Besteuerung und Abschreibung von Immobilien. Wahrscheinlich wird die bisherige steuerfreie Veräußerungsfrist von 10 Jahren fallen. Ab 2008 oder 2009 wird diese in eine pauschale Steuer (geplant sind bis zu 20 %) auf eventuelle Spekulations- bzw. Veräußerungsgewinne umgewandelt. Zu beachten ist weiterhin, dass bei einer Veräußerung von mehr als drei Objekten innerhalb von 10 Jahren vom Finanzamt eine gewerbliche Tätigkeit unterstellt werden kann!

Erwerbergemeinschaften

Wer sich mit mehreren privaten gleichgesinnten Interessenten zusammenschließt, kann auf ein ganz anderes finanzielles Potential bzw. auf ein größeres Angebot an Objekten zurückgreifen. Je nach Objekt, z.B. ein MFH, eine Villa, ein Industriebau usw., bieten sich ein Reihe von Möglichkeiten an.

Das Modell der Erwerbergemeinschaften hat in diesem Zusammenhang nichts mit den so genannten Abschreibungsprojekten zu tun (Stichwort „Schrottimmobilienskandale"). Erwerbergemeinschaften entstehen zunächst rein privat und werden dann entsprechend professionell als Gesellschaft für ein bestimmtes Projekt gegründet. Die angehenden Eigentümer bilden so eine selbstverwaltete Erwerbergemeinschaft (EWG). Als mögliche Gesellschaftsform sind ein Verein, eine Genossenschaft, eine GbR (Gesellschaft bürgerlichen Rechtes) oder eine Betreiber GmbH möglich. In der Regel ist eine professionelle Betreuung durch Architekten, Steuerberater und Betriebsberater notwendig. Das Objekt wird in Eigentumswohnungen aufgeteilt. Damit wird zwischen beleihungsfähigen Sonder- und Gemeinschaftseigentum gemäß dem Wohnungseigentumsgesetz (WEG) differenziert.

Folgende Probleme sind zu bedenken:

- Die Wahl des geeigneten Objektes (Wandlungsfähigkeit, Genehmigungsfähigkeit, Lage usw.).
- Anlaufschwierigkeiten bei den Kreditverträgen und Kaufverträgen, wenn die Eigentumsverhältnisse im Vorfeld nicht eindeutig geklärt sind.
- Eventuell zu erbringende gemeinschaftliche Eigenleistungen, die individuell ausgeführt werden. Sie sollten entsprechend bewertet werden.

- Eigentümergemeinschaften sind in der Regel nicht förderungsfähig, d.h. hier gelten besondere Bedingungen.
- Erhöhtes Kostenrisiko bei Sanierung und Umbau von Altbauten infolge versteckter Bauschäden und erhöhte Anforderungen durch eine Teilung in mehrere Wohnungen.
- Unsicherheitsfaktor bei nicht vollständigem Abverkauf bzw. bei nicht vollständiger Erwerbergemeinschaft.
- Das Haftungsrisiko ist entsprechend der gewählten Gesellschaftsform zu kalkulieren.
- Was passiert beim Ausstieg eines Mitgliedes oder mehrerer Gesellschafter?
- Sonderkosten für Vermarktung, Beratung, lange Bauzeiten usw. sind mit einzurechnen.
- Finanzierung, Vermarktung, Kostenerfassung, Bauplanung und Ablauf sowie Risikoanalyse sind professionell zu organisieren.

Wer sich einer EWG anschließt, sollte vorher alles ganz genau prüfen und auch fest- **Tipp**
stellen, wer seine zukünftigen Nachbarn sind bzw. sein würden. Mangelnde Transparenz und nicht prüffähige, unvollständige Unterlagen sind kein gutes Zeichen und raten zu großer Vorsicht. Die Teilbarkeit des Objektes muss gewährleistet sein!

Zusammenfassung der individuellen Anforderungen

Die individuellen Anforderungen ergeben sich aus den Wohngewohnheiten und Wohnwünschen aller Familienmitglieder. Gespräche mit allen Familienmitgliedern schaffen Klarheit darüber, wie das zukünftige Traumhaus aussehen soll. Zukünftige Veränderungen sollten dabei immer mitbedacht werden, z.B. die Anzahl der Kinder, Sicherheit des Arbeitsplatzes oder Planungen für das Alter. Die eigentliche Wohnlage ist nach optischen, infrastrukturellen und persönlichen Wünschen zu wählen.

Bei einer Gebrauchtimmobilie kann der Grundriss in der Regel nicht mehr individuell angepasst werden, umso wichtiger ist deshalb der individuelle Anforderungskatalog. Anhand der Bedarfsanalyse ist für die zukünftige Immobilie ein Anforderungsprofil in Form eines Kataloges zu erstellen. Dieser abgestufte Katalog wird der Entwicklung angepasst und dient als Grundlage für die Feststellung und Analyse der Finanzlage.

Mit Hilfe von Vergleichsobjekten können persönliche Erwartungen und reale Begebenheiten miteinander verglichen werden. Die Auswahl und Kaufentscheidung eines Objektes lässt sich anhand der folgenden Übersicht erleichtern:

Checkliste Objektkurzanalyse

Bedingung	Eigene Bedingungen	Eigene Gewichtung	Abweichung am Objekt/Gewichtung
Kaufpreisgrenze			
Quadratmeterzahl Wohnfläche			
Quadratmeterzahl Nutzfläche			
Anzahl der Zimmer/ Räume			
Wunschlage regional			
Wunschlage innerörtlich			
Nutzung als EFH oder ZFH			
Teilgewerbliche Nutzung (Arbeitszimmer/Gewerbe)			
Besondere Handicaps (Behinderungen)			
Erwerbszeitraum/ Abwicklungsrahmen			
Haustyp FFH/RH/DHH			
Größe des Grundstückes (Garten)			
Ausstattungsmerkmale: Einfach, mittel, gehoben			
Sanierungs- oder Modernisierungsbedarf			

Bedingung	Eigene Bedingungen	Eigene Gewichtung	Abweichung am Objekt/Gewichtung
Raum für eigene Anpassung			
Zinsgünstige Kredite oder steuerliche Vorteile nutzbar			
Baualter, spezifische Merkmale (z.B. Fach-werkhaus, Denkmal)			
Spezifischer Haustyp, z.B. Bauernhaus, Hanghaus, Bungalow			
Raum für besondere Hobbys			
Summe			

Und so funktioniert es:
Tragen Sie in die Spalte „Eigene Bedingungen" Ihre Wunschvorstellung ein und ver-geben Sie Punkte von 1 (= unwichtig) bis 10 (= sehr wichtig) durch Eintragung in die Spalte „Eigene Gewichtung". Anschließend sind die Punktzahlen in der Spalte „Abweichung am Objekt" zu vergeben. Anhand der Anzahl der Übereinstimmungen oder Abweichungen kann nun eine einfache Auswertung erfolgen. Die Summen bei-der Spalten können ebenfalls verglichen werden.

Beispiel Gartengröße:
„Eigene Bedingung": Fläche von mehr als 500 m²; „Eigene Gewichtung": 9 Punkte (= sehr wichtig); „Abweichungen am Objekt": tatsächliche Fläche von 400 m² (= eine relativ hohe Abweichung zur Wunschfläche, die daher mit der Gewichtung von 6 Punkten belegt wird).

Die Finanzierung

Die Finanzierung einer Gebrauchtimmobilie ist je nach Objekttyp und Zustand unterschiedlich zu gestalten. Es gelten im Gegensatz zum Neubau oder zum Kauf eines Bauträgerobjektes keinerlei Verordnungen, wie z.B. die Makler- und Bauträgerverordnung oder die VOB (Verdingungsordnung für Bauleistungen). Tipps zur Bau-Finanzierung werden beispielsweise in dem ebenfalls in der Buch-Reihe „Bau-Rat:" im selben Verlag erschienenen Ratgeber "Bau-Finanzierung leicht gemacht" von Frank Littek gegeben.

Der Kaufpreis ist in der Regel nach Absprache und Festlegung im Notarvertrag sofort fällig. Die Abwicklung der Zahlung der Kaufpreissumme sollte immer über ein Notarkonto erfolgen (ein vom Notar verwaltetes und eingerichtetes Konto mit entsprechender Vollmacht). Alle nötigen Schritte zur Klärung der Finanzierung sind schon vor dem Kauf zu tätigen. Hierzu ist der aus dem vorherigen Kapitel erstellte Anforderungskatalog mit Vergleichsobjekten heranzuziehen.

Das Bankgespräch

Grundsätzlich sind immer mehrere Banken zu konsultieren. Auch die Bedingungen für eventuelle Fördergelder sind vorab zu klären. Denn sobald Sie ein geeignetes Objekt gefunden haben, kann die Kaufabwicklung sogar sehr schnell gehen. Dazu kann zum Beispiel die Vorlage einer bestehenden Finanzierungszusage beitragen.

Für das erste Bankgespräch, zur Klärung des Finanzierungsrahmens, sind folgende Unterlagen notwendig:

- Aktuelle Lohn- und Gehaltsnachweise sowie Arbeitsverträge. Bei Selbstständigen die Bilanzen der letzten 2-3 Jahre.
- Die Schufa-Auskunft ist nach Möglichkeit vorher zu bereinigen (persönliche Anfrage, nicht mehr zutreffende Einträge durch Kontaktaufnahme bei den Gläubigern austragen zu lassen. Dazu gehören gelegentlich auch völlig unberechtigte Einträge, z.B. wegen Zahlungsverzug aufgrund unverschuldet ungeklärter Rechnungen oder auch alte Kreditanfragen).
- Nachweis des Eigenkapitals durch Depot- oder Kontoauszüge.
- Nachweis über sonstige Sicherheiten (Versicherungen).
- Personalausweis.
- Erwähnen Sie schon im ersten Gespräch, dass Sie ggf. Fördergelder in Anspruch nehmen möchten.
- Wenn möglich, einen Sachkundenachweis bei geplanten Eigenleistungen mitnehmen.

- Zusammengestellte Unterlagen Ihrer Lebenshaltungskosten mit Besonderheiten, z.B. sonstige Kredite oder eine Altersvorsorge.
- Erste Vergleichsobjekte (Inserate oder Exposés).

Das erste Beratungsgespräch sollte immer kostenlos sein. Versuchen Sie Ihr Glück **Tipp**
bei mehreren Banken und Finanzdienstleistern.

Ermittlung Ihrer finanziellen Belastungsgrenze

Der einfachste Ansatz zur Ermittlung Ihrer Belastungsgrenze ist eine Berechnung Ihrer bisherigen Kaltmiete, zuzüglich der Mietnebenkosten, als Maximum an monatlicher Belastung. Des Weiteren rechnen die Banken mit folgenden Mindestwerten für die Lebenshaltungskosten monatlich:

- Bei Alleinstehenden ca. 550 – 750 Euro.
- Bei Ehepaaren ca. 850 – 1.000 Euro.
- Für jedes im Haushalt lebende Kind ca. 150 – 180 Euro.
- Weitere dem Haushalt zugehörige Personen sind mit ca. 160 Euro pro Person zu veranschlagen.

Vergleichen Sie diese genannten Summen mit Ihrer eigenen Gesamtaufstellung aller Kosten. Zu Ihren monatlichen Lebenshaltungskosten zählen zusätzlich Telefonrechnung, Versicherungen, Lebensmittel, Freizeit/Hobby, Urlaub, sonstige Kredite, Wohnnebenkosten, Zahlungsverpflichtungen an Angehörige, Auto, Hausrat, Kleidung, jährliche Zahlungen wie KfZ-Steuer und Kfz-Versicherung usw.

Anschließend ist das verfügbare Nettoeinkommen (ohne Weihnachts- und Urlaubsgeld), zuzüglich Elterngeld und sonstige Einnahmen zu ermitteln und entsprechend gegen zu rechnen. Als Faustformel gilt:

Die monatliche Belastung für die Finanzierung sollte 30 bis 40 % vom Nettoeinkommen nicht übersteigen.

Wichtig ist, dass ein finanzieller Spielraum von mindestens 100–200 Euro im Monat übrigbleibt, z.B. für unvorhergesehene Ausgaben oder für eine Instandhaltung. Als Reserve sollte die Verfügbarkeit von zwei bis drei Monatseinkommen eingeplant sein.

Die Berechnung des maximalen Kreditbetrages kann mit folgender Formel zumindest als Orientierungswert so ermittelt werden:

Formel:

* Finanzielle Belastbarkeit im Monat x 12 Monate x 100 / Zinssatz + Tilgungssatz in % = Gesamtkreditrahmen.

Bausteine der Finanzierung

Das Eigenkapital

Der wichtigste Baustein einer Finanzierung ist immer noch das Eigenkapital. Dieses sollte etwa 20-30 % der Gesamtsumme betragen. Wer Eigenkapital in Form von Aktien und Fonds oder sonstige Investmentmodelle besitzt, sollte deren Rendite überprüfen. Erwirtschaftet das angelegte Geld mehr Rendite als die Zinsen betragen und sind die Verkaufsverluste zu hoch, sollten Sie einen anderen Weg wählen.

Die Hypothek/Das Annuitätendarlehen

Zur Entstehung der Hypothek sind eine Einigung und Eintragung im Grundbuch erforderlich. Die Eintragung der Hypothek muss den Namen des Gläubigers, den Betrag der Forderung und die Zinsen enthalten. Die Hypothek wird erstrangig ins Grundbuch eingetragen und in Form eines Annuitätendarlehens, je nach Beleihungsgrenze, von Banken (Staffelungen von 60/80/100/100+) gewährt. Ein umfangreicher Vergleich der Banken und freien Anbieter (Vermittler) lohnt sich.

Die Grundschuld

Die Grundschuld ist die Belastung eines Grundstücks in der Weise, dass an denjenigen, zu dessen Gunsten die Belastung erfolgt, eine bestimmte Geldsumme aus dem Grundstück zu zahlen ist. Der Unterschied zur Hypothek ist, dass die Grundschuld eine dingliche Schuld und von ihrem Rechtsgrund losgelöst ist.

Einige Varianten sind bei Darlehen möglich. Durch Kombidarlehen, teils mit einem festen Zinssatz über die Laufzeit und teils mit einem flexiblen Zinssatz, können eventuelle Zinssenkungen, leider auch Erhöhungen, mitgenommen werden. Verbunden mit der Möglichkeit der Sondertilgung kann diese Art bei erwartetem Geldeingang sinnvoll sein.

Tipp *Ist eine Grundschuld in Abt. III des Grundbuches eingetragen, so ist eine Abtretung in manchen Fällen günstiger als eine Löschung und ein entsprechender Neueintrag. Auch andere Beträge bzw. Teilbeträge sind möglich. Der Altgläubiger sollte eine Abtretungsurkunde zu einem bestimmten Ablösetermin bereithalten. Die Ablösung erfolgt dann zwischen den Banken, wenn die Abtretungserklärung dem neuen Gläubiger zur Verfügung gestellt wird. Bei einer Umschuldung nach Ablauf des ersten Darlehens ist dieses Verfahren bei einem Bankenwechsel ebenfalls möglich.*

Bausparverträge

Ein bestehender oder neuer Bausparvertrag kann als Zinssicherung für die Anschlussfinanzierung sinnvoll sein (z.B. als Zusatztilgung). Ein Teil der Gesamtkosten kann so nachrangig in das Grundbuch eingetragen werden (ca. 20 %). Das Bauspardarlehen wird erst vorfinanziert und anschließend zurückgezahlt. Ein Problem dieser Ansparmodelle sind die relativ niedrigen Zinsen während der Ansparzeit (2–3 %).

Ist der Bausparvertrag über die vereinbarte Summe zuteilungsreif, kommt man in den Genuss eines relativ günstigen Darlehens. Bei kleineren Beträgen ist ein Bauspardarlehen sinnvoll, da keine Zinszuschläge gezahlt werden müssen. Es sollte bei einem vorfinanzierten Bauspardarlehen auf die Möglichkeit der Sondertilgung bzw. Schnelltilgung Wert gelegt werden. Eine Vollfinanzierung nur über Bausparverträge ist in der Regel nicht ratsam.

Fördergelder der Landesinvestitionsbanken oder Kommunen

Der reine Kaufpreis einer gebrauchten Immobilie wird nicht in allen Bundesländern gefördert. Über die jeweilige Investitionsbank des Landes können unter bestimmten Bedingungen einkommensschwache Familien, kinderreiche Familien, Behinderte oder in Städtebaufördergebieten verbilligte Darlehen in Anspruch genommen werden. Schon vor dem Erwerb (Kaufvertragsunterzeichnung) sollte eine Beratung in Anspruch genommen werden. Die Unterschiede sind bundeslandspezifisch bzw. regional unterschiedlich.

Fördergelder der Kreditanstalt für Wiederaufbau (KfW)

Das KfW-Wohneigentumsprogramm eignet sich für alle, die ein Haus oder eine Wohnung bauen oder kaufen wollen und selbst darin wohnen möchten. Auch der Erwerb von Genossenschaftsanteilen wird gefördert (z.B. für Erwerbergemeinschaften). Die KfW-Förderbank finanziert selbstgenutzte Objekte mit bis zu 30 % der Gesamtkosten. Das beinhaltet die Finanzierung des Kaufpreises, einschließlich der Nebenkosten. Die Kosten für Instandsetzung, Umbau und Modernisierung werden unterschiedlich gefördert. Das CO_2-Gebäudesanierungsprogramm der KfW beinhaltet vier verschiedene Maßnahmenpakete:

Maßnahmenpaket	0	1	2	3
Wärmedämmung Dach	x	x	x	
Wärmedämmung Außenwand	x	x		
Wärmedämmung der Kellerdecke oder von erdberührten Außenflächen beheizter Räume	x		x	
Erneuerung Fenster	x		x	x
Erneuerung Heizung		x	x	x
Umstellung Heizenergieträger				x

Das Maßnahmenpaket Nr. 4 ist individuell zusammenstellbar, von einem zugelassenen Energieberater bzw. Architekten mit Bauvorlageberechtigung.

Die Gewährung der Darlehen erfolgt über die Hausbank (finanzierende Bank), die auch die Haftung für die durchgeleiteten Gelder übernimmt. Es besteht kein Rechtsanspruch auf Fördergelder. Die Absicherung erfolgt durch einen Eintrag ins Grundbuch, möglich ist auch eine nachrangige Eintragung. Alle Maßnahmenpakete der KfW-Bank und die Förderbedingungen sind vorab zu klären, da nur so ein aktueller Sachstand gewährleistet werden kann.

Lebens- oder Rentenversicherung

Die Einbindung einer bestehenden Lebens- oder Rentenversicherung lohnt sich für die selbstgenutzte Immobilie meistens nicht. Ein Policendarlehen ist eine Vorauszahlung auf die Versicherungsleistung, den garantierten Rückkaufswert oder den Rückkaufswert inklusive Überschussanteile. Die Summe begrenzt sich auf den so genannten Beleihungswert. Selbstverständlich ist für ein Policendarlehen die bestehende Versicherung weiterhin zu zahlen und für die geliehene Summe werden zusätzlich Zinsen verlangt, die in der Regel über denen von Hypotheken liegen.

Anders liegt der Fall, wenn eine Lebensversicherung parallel angespart und als Tilgungsanteil verwendet wird. Teuer ist eine komplette Finanzierung über eine parallel zum Darlehen laufende Lebensversicherung, die später das Darlehen ablösen soll.

Bei einer Annuität sinkt der Zinsanteil im Laufe der Jahre gegenüber den Tilgungsanteil, d.h. es ist mehr Tilgung zu zahlen. Die Erfahrung der letzten Jahre zeigt, dass bei Lebensversicherungen die so genannten Überschussbeteiligungen immer niedriger werden. Die reale garantierte Verzinsung des eingezahlten Kapitals ist in der Regel zu niedrig und die laufenden Bearbeitungskosten sind zu hoch.

Fondssparmodelle

Wer das Risiko liebt und den finanziellen Spielraum hat, der kann über Fonds eine Tilgung vereinbaren. Der Fonds (meist Aktienfonds) mit einem bestimmten Wert wird an die Bank abgetreten. Der Aktienfonds kann bei langen Laufzeiten interessant sein. Wer Pech hat, muss am Ende der Laufzeit draufzahlen, wer Glück hat, gewinnt. Für einen Fonds werden ca. 20 % entsprechend angelegtes Eigenkapital vorausgesetzt.

Zusatzeinnahmen

Zusatzeinnahmen aus der Immobilie können durch Vermietung einer Einliegerwohnung oder bei Kauf eines Mehrfamilienhauses mit teilweiser Eigennutzung erzielt werden. Steuerlich können Abschreibungen und Instandhaltungskosten geltend gemacht werden.

Kostenfalle Nebenerwerbskosten

Die Nebenerwerbskosten sind alle Kosten, die neben dem eigentlichen Kaufpreis entstehen können. Sie gliedern sich in fünf Bereiche: Nebenerwerbskosten, Kosten für das Grundstück, Kosten für das Gebäude, Sanierungsnebenkosten und Finanzierungsnebenkosten. Eine Aufstellung zur Überprüfung aller möglichen Nebenerwerbskosten ist daher unbedingt vorzunehmen.

Checkliste Nebenerwerbskosten

Kostenstelle Nebenerwerbskosten	Eigene Kosten
Grunderwerbssteuer: 3,5 % vom Kaufpreis	
Notarkosten für Kaufabwicklung: 1 % vom Kaufpreis	
Grundbuchkosten für Eigentumseintragung: 0,5 % vom Kaufpreis	
Notar und Grundbuchbestellung: 0,5 % der Darlehenssumme	
Maklergebühren: bis zu 6 % zuzüglich MwSt.	
Wertermittlungsgebühren: 0,2–0,5 % der Darlehenssumme	
Bauzeitzinsen (bei großer Sanierung): bis zu ca. 50 % einer Jahreszinsleistung	
Risikolebensversicherung zur Darlehensversicherung	
Sonstige Behördenkosten, z.B. Kopien, Bauamt, Beglaubigungen	
Kostenstelle Grundstück	
Vermessungskosten, z.B. durch Teilung oder bei Grenzstreitigkeiten	
Bodenuntersuchungen bei Altlastenverdacht/ Entsorgungskosten	
Erschließungskosten, z.B. bei Straßensanierung oder Trennung von Schmutzwasser und Regenwasser	
Offene Anliegerbeiträge für vorherige Maßnahmen (sollte der Alteigentümer eigentlich übernehmen)	
Abfindung an Mieter und Pächter	
Kosten des Gebäudes	
Sanierungsnebenkosten	
Kosten für Außenanlagen, z.B. neue Stellplätze, Wege, Zäune	

Kostenstelle Grundstück	Eigene Kosten
Versorgungs-Hausanschlüsse, z.B. Wasser, Gas, Elektrik	
Sanierungsnebenkosten für das Gebäude	
Architekten- und Ingenieurkosten bei Sanierungen	
Eigene Verwaltungskosten (lange Anfahrten)	
Behördenkosten (Bauantragsgebühr)	
Bauversicherungen, z.B. Bauherrenhaftpflicht	
Berufsgenossenschaft bei Eigenleistungen	
Bauheizung, Baustrom, Bauwasser	
Finanzierungsnebenkosten	
Bereitstellungszinsen (bei verspäteter Kreditabnahme)	
Provisionen für Finanzdienstleistende (Beratungsgebühren)	
Abschlussgebühren, z.B. für Bausparverträge	
Zwischenfinanzierungskosten bei zu später Darlehensauszahlung	

Tipp   *Wer sich nicht sicher ist, ob eventuell auf dem Grundstück Altlasten sein könnten, sollte die vorherigen Nutzungen des Grundstücks klären und bei der zuständigen Umweltschutzbehörde nachfragen.*

Der Mietkauf

Ein in den letzten Jahren zunehmend verbreitetes Finanzierungsmodell für Immobilien ist der so genannte „Mietkauf". Der Mietkauf ist ein Mietvertrag, der dem Mieter das Recht zuspricht, innerhalb einer bestimmten Frist (Grundmietzeit ca. 5 bis 10 Jahre), die gemietete Immobilie zu einem vorher bestimmten Preis käuflich zu erwerben. Zuzüglich zur Miete ist die Summe x als Ansparsumme innerhalb der Mietkaufzeit zu realisieren, d.h. zuzüglich zur üblichen Miete muss auch beim Mietkauf Eigenkapital angesammelt werden.

Gegenüber dem Sofortkauf hat der Käufer hier die Möglichkeit der leichteren Finanzierbarkeit.

Mietkaufmodelle werden u.a. von Bauträgern und Finanzierungsgesellschaften oder auch unter dem Mantel einer Genossenschaft für Neu- und Altbauten angeboten. Oft handelt es sich dabei um Objekte oder Wohnungen im unteren Preissegment.

Die rechtlichen Vorraussetzungen für einen Mietkauf ergeben sich u.a. aus dem KWG (Kreditwesengesetz) und den Richtlinien der BaFin (Bundesanstalt für Finanzdienstleistungsaufsicht) sowie dem BGB (Bürgerliches Gesetzbuch).

Der Mietkauf ist im Sinne des KWG wie ein Leasingvertrag zu betrachten. Folgende Aspekte sind bei einem Mietkauf/Leasing zu prüfen:

- Eine längere feste Grundmietzeit, die sich über einen großen Teil der Abschreibungsperiode des Leasingobjektes erstreckt (üblich sind 5 bis 10 Jahre Grundmietzeit).
- Die während der festen Grundmietzeit zu entrichtenden Leasingraten decken aus Sicht des Leasinggebers die Anschaffungs- oder Herstellungskosten des Leasingobjektes (zumindest unter Berücksichtigung der möglichen Verwertung nach Ablauf der festen Grundmietzeit). Zuzüglich Kosten, Zinsen und Marge für das Kreditrisiko. Im Klartext: Alle üblichen Kosten und versteckten Gewinnanteile des Leasinggebers sind vom Leasingnehmer zu zahlen!
- Der Leasingnehmer trägt die Gefahr für den zufälligen Verlust oder die Beschädigung der Leasingsache, während der Leasinggeber nur für die Schäden einzustehen hat, die durch höhere Gewalt oder Dritte verursacht werden - oder nicht einmal dafür. Der so genannte Gefahrenübergang gemäß BGB vollzieht sich bei Vertragsunterschrift. Der Leasingnehmer trägt damit das Risiko.
- Der Leasingnehmer hat das Objekt instand zu halten. Gerade bei älteren Objekten können also bereits während der Grundmietzeit weitere Kosten anfallen.
- Der Leasingnehmer erhält eine Option auf Übereignung des Leasinggegenstandes gegen einen bei Vertragsschluss festgesetzten Preis oder eine annähernd gleichwertige Verlängerungsoption vor Ablauf des Vertrages.
- Der Leasingnehmer erhält ein im Grundbuch abgesichertes Vorkaufsrecht für das Objekt.

Der Mietkauf ist wieder aktuell, er sollte aber vorher einer sehr genauen Prüfung und Berechnung unterzogen werden. Zumal die Zins- und Fördersituation für Immobilien viel zu unbeständig ist. Es empfiehlt sich, lieber länger anzusparen und die Immobilie dann auf „normalem" Weg zu finanzieren.

Wer aber dennoch einen Mietkauf tätigen möchte, der sollte sich professionelle und neutrale Hilfe bei der Vertragsgestaltung und beim Vergleich der Finanzierungsmodelle suchen. Ein weiteres Problem liegt in der Abwertung und der damit verbundenen Herabsetzung der Beleihungsgrenze der Immobilie nach Ablauf der 10 Jahre. Diese Form des Erwerbs beinhaltet häufig zu viele versteckte Kosten – und Geld zu verschenken hat niemand.

Die Leibrente und das Wohnrecht

Die Leibrente kann wie folgt definiert werden: Eine Zahlung oder Rente, die bis zu einem bestimmten Zeitpunkt – üblicherweise bis zum Tode des Empfängers –

gezahlt wird. Auf den Kauf eines Hauses angewendet, bedeutet dies, dass der Kaufpreis des Hauses nicht komplett, sondern nur teilweise bezahlt wird: Einen Teil sofort, den Rest in monatlichen Raten. Wer zur Gewährung einer Leibrente verpflichtet ist, hat die Rente im Zweifel für die Lebensdauer des Gläubigers zu entrichten. Die Form des Leibrentenversprechens hat schriftlich zu erfolgen, soweit nicht eine andere Form vorgeschrieben ist.

Es gibt den Zeit- und Leibrentenfaktor. Der Zeitrentenfaktor gilt für eine Rente, die über die Laufzeit garantiert ist. Der Leibrentenfaktor hingegen gilt für eine Rente, die vom Leben bzw. von dem zu erwartenden Lebensalter eines Menschen abhängt. Die Höhe der Leibrente ist abhängig vom ermittelten Verkaufspreis. Diese Ermittlung sollte unbedingt separat durch ein qualifiziertes Gutachten geschehen. Eine seriöse Berechnung beinhaltet auch den Barverkauf und eine marktübliche Anlage des Geldes. Die Höhe der Leibrente aus einem Immobilienverkauf sollte unter dem Betrag einer Hypothekenzahlung liegen, zudem sollte die langfristige Zinsentwicklung mit eingebunden werden.

Die Berechnung der Höhe der Leibrente

Die Höhe der Leibrente ist die Abgeltung einer Einmalzahlung des Immobilienwertes in Form von Raten. Die Berechnung erfolgt anhand des aktuellen Gebäudewertes und der geschätzten Miethöhe, die mit dem Leibrentenfaktor verrechnet wird. Der Leibrentenfaktor wird anhand der Sterbetafeln des Statistischen Bundesamtes ermittelt.

Wichtig ist, dass ein seriöses Gutachten über den Immobilienwert und eine Einigung über den Preis der Immobilie vorliegen. Nach folgender Berechnungsmethode wird die monatliche Leibrentenhöhe (hier mit Wohnrecht) ermittelt:

- Wert der Immobilie ermitteln und den Wert des Wohnrechtes (Mietwert x 12 x Leibrentenfaktor) davon abziehen.
- Wert der Immobilie - Wert des Wohnrechtes = zu verrentender Betrag.
- Zu verrentender Betrag : 12 : Leibrentenfaktor = monatliche Leibrente.

Formel:
- Zu verrentender Betrag : Leibrentenfaktor = Jahresrente.
- Jahresrente : 12 = Monatsrente.

Ein Kauf auf Leibrentenbasis sollte gut überlegt sein. Stets zu bedenken ist die steigende Lebenserwartung eines Menschen. Zur Ermittlung des korrekten Leibrentenfaktors sollten nur die aktuellen Kennzahlen des Statistischen Bundesamtes genutzt werden. Die Wertermittlung müssen entsprechende Fachleute durchführen; erforderlich ist eine transparente Berechnung der Leibrente.

Exkurs: Wohnnebenkosten

Im Gegensatz zu Ihrer vorherigen Mietwohnung werden die Wohnnebenkosten der künftigen eigenen Immobilie in der Regel höher sein als bisher. Wenn das neue Haus größer als die alte Wohnung ist, werden die Nebenkosten entsprechend steigen. Für ein nicht freistehendes Wohnhaus (z.B. Baujahr 1900, ca. 120 m², schlecht isoliert, in innerstädtischer Lage) sollten für eine vierköpfige Familie ca. 250 – 300 Euro monatliche Nebenkosten zusätzlich zur Zinsbelastung hinzu gerechnet werden. Die Höhe der Nebenkosten ist abhängig von Lage, Kaufpreis und Energieverbrauch. Befragen Sie den derzeitigen Eigentümer zur Höhe der Wohnnebenkosten.

Eine kurze Auflistung der Wohnnebenkosten, die für ein Einfamilienhaus in Frage kommen:

- Gebäudefeuerversicherung (Kosten abhängig von der Gebäudegröße).
- Haus- und Grundbesitzer-Haftpflichtversicherung.
- Schornsteinfeger (Kehrgebühren)/Wartung der Heizungsanlage.
- Grundsteuer (abhängig vom Wert der Immobilie).
- Kehrgebühren der Stadtreinigung (nach Länge der Gehwege).
- Stromkosten, Wasser, Abwasser, Gas, Öl, Müllgebühren.

Checkliste Finanzierung

Abschließend zum Kapitel, soll Ihnen die folgende Tabelle als Überprüfungsliste und Gedächtnisstütze zur Finanzierung Ihres Hauskaufs dienen:

Beurteilung der Finanzierung	Ja	Nein	Notizen
Wurden mehrere Angebote eingeholt (wenn ja, welche)?			
Wurde die finanzielle Belastbarkeit ermittelt (und wie hoch ist diese)?			
Können weitere Finanzierungsformen mit eingebunden werden? Welche?			

Beurteilung der Finanzierung	Ja	Nein	Notizen
Wurden alle möglichen Fördermittel berücksichtigt?			
Kann die Finanzierung über die Bank erfolgen oder müssen weitere Institutionen herangezogen werden?			
Müssen Fachleute, z.B. Steuerberater, hinzugezogen werden (was kostet das)?			
Müssen zusätzliche Versicherungen abgeschlossen werden (wenn ja, welche)?			
Wurden alle Angaben zu den Kosten festgehalten und wie hoch sind diese (Gebühren der Bearbeitung und Kontoführung, Wertermittlung)?			
Ist eine Aufsplittung des Kredites in verschiedene Laufzeiten möglich?			
Wurde eine Beleihungsgrenze festgelegt (wenn ja, welche)?			
Wurden die Eigenleistungen zur Senkung der Beleihungsgrenze richtig angesetzt?			
Gibt es Möglichkeiten der variablen Tilgung?			
Entstehen Kosten bei einer vorzeitigen Tilgung? Welche?			
Wurde der korrekte Zinssatz angegeben (und wie hoch ist dieser)?			

Wie und wo finde ich ein geeignetes Haus?

Die Suche nach einer Immobilie gestaltet sich nach Angebot und Nachfrage. Beide Faktoren können regional sehr unterschiedlich sein. Bis auf einige Regionen in Deutschland, wie zum Beispiel München, Hamburg, Frankfurt sowie weitere Ballungsgebiete, wo kein „Käufermarkt" herrscht, ist der Kunde noch König. Zusätzlich beeinflussen die Konjunktur, die Saison (Urlaubs- oder Weihnachtszeit) und natürlich die eigenen Ansprüche die Anzahl der in Frage kommenden Objekte.

Die Dauer der Objektsuche ist individuell unterschiedlich. Von schnellen Glücksgriffen abgesehen, kann sich die Objektsuche über Monate bis Jahre hinziehen. Folgende Übersicht zeigt die verschiedenen Möglichkeiten der Immobiliensuche:

Quelle	Erscheinungs-intervall	Bemerkung
Zeitung oder sonstige Anzeigenblätter (regional)	wöchentlich, individuell	eigene Anzeige(n) schalten
Zeitung (überregional)	wöchentlich, individuell	eigene Anzeige(n) schalten
Regional ansässige Makler	2 – 4 Wochen	qualifizierte Suchanfrage stellen, Exposés zuschicken lassen
Zwangsversteigerung	monatlich	im Internet und in Tageszeitungen
Anfrage bei Verwaltungsgesellschaften oder der Stadt	monatlich	persönliches Erfragen ist i.d.R. sinnvoller (schneller und direkter)
Persönliche Kontakte		diskret vorgehen
Internet	wöchentlich	Zusendungen per E-Mail, individuelle Überprüfung ist i.d.R. erforderlich

Einen guten Überblick über den Immobilienmarkt verschaffen Sie sich durch die Auswertung des Immobilienteils der örtlichen bzw. regionalen Zeitungen und die geordnete Sammlung der von Maklern, Immobiliengesellschaften usw. zugesandten Exposés über einen eher längeren als zu kurzen Zeitraum. Man erkennt dann ziemlich schnell, wo die „Ladenhüter" bzw. die Objekte mit Macken stehen und wie sich das aktuelle Preisgefüge gestaltet. Sie werden so auch feststellen, dass viele Objekte mehrere Male hintereinander angeboten werden und vielleicht sogar billiger geworden sind. Hier entsprach der Preis nicht der Marktlage – vielleicht eine Möglichkeit für günstigere Kauf-Gelegenheiten.

Die Zwangsversteigerung

Die Zwangsversteigerung von Immobilien findet in der Regel am zuständigen Amtsgericht statt. Mittlerweile werden Immobilien auch von privaten Auktionshäusern versteigert. Anlässe für eine Zwangsversteigerung sind in der Regel Insolvenz oder Erbstreitigkeiten.

Der Preis der Immobilie entspricht dem Verkehrswert, der von einem vereidigten Sachverständigen ermittelt wird. Er soll dem Marktwert entsprechen, der aber in seiner Festlegung häufig umstritten ist.

Es ist davon auszugehen, dass bei einer öffentlichen Zwangsversteigerung das Verfahren den gesetzlichen Vorschriften entspricht, die auch ein so genanntes „Verschleuderungsverbot" enthalten! Der Erwerb einer Gebrauchtimmobilie im Rahmen einer Zwangsversteigerung ist also nicht risikofrei! Zumal die Hoffnung auf einen „Schnäppchenpreis" bei einer Zwangsversteigerung meistens illusionär ist, wird doch nach § 44 ZVG (Zwangsversteigerungsgesetz) mit dem Erlös zuerst der Anspruch des Gläubigers geregelt und geschützt. Auch weitere mit diesem öffentlichen Verfahren verbundene Kosten sind aus dem Versteigerungserlös zu decken.

Nach dem Gesetz wird zwischen einer „Zwangsversteigerung" und einem „Teilungsversteigerungsverfahren" unterschieden. Bei einer „Teilungsversteigerung" werden Eigentümergemeinschaften, z.B. Erbengemeinschaften, zwangsweise aufgehoben.

Die Zwangsversteigerung basiert auf der Zahlungsunfähigkeit des Schuldners. Der Antrag auf eine Zwangsversteigerung wird vom Gläubiger gestellt. Die Termine müssen an alle Verfahrensbeteiligten zwingend bekannt gegeben werden, z.B. im Amtsblatt des Gerichtsbezirks und an der Gerichtstafel des Versteigerungsgerichtes. Zusätzlich wird in der Presse und im Internet geworben. Gebote können vorab schriftlich abgegeben werden. Die Gläubiger können weiterhin auch ohne Zwangsversteigung verkaufen.

Wo erhalte ich Informationen über das Objekt?

Das Wertgutachten enthält alle gesetzlichen Vorgaben gemäß WertR/WertV (siehe Kapitel *„Wertermittlung von Gebrauchtimmobilien"*). Dieses Gutachten ist eine Informationsgrundlage für Interessenten, da eine Gebäudebesichtigung vielfach nicht möglich ist und Auskünfte aus anderen Quellen selten vorhanden sind.

Ein Besichtigungstermin kann auch zwangsweise angeordnet werden. Das Gutachten ist auf der Geschäftsstelle des Vollstreckungsgerichtes kostenlos einsehbar. In

Einzelfällen ist eine Besichtigung vor Ort möglich. Befindet sich der Grundbesitz unter Zwangsverwaltung, wird der Zwangsverwalter nach Vereinbarung meistens auch zu einer Ortsbesichtigung bereit sein. Wenn ein berechtigtes Interesse vorliegt, dann kann auch Akteneinsicht beim zuständigen Bauamt genommen werden. Hilfreich kann dafür die Vorlage einer entsprechenden Vollmacht sein, die anzeigt, dass Sie sich ernsthaft über das Objekt informieren wollen.

Bei einer Zwangsversteigerung gilt ein vollständiger Gewährleistungsausschluss wie **Tipp**
bei einem regulären Hauskauf. Die Haftung für offene oder versteckte Mängel wird aufgrund des vorliegenden Gutachtens nicht übernommen. Die Qualität des Gutachtens ist häufig nicht ausreichend und beschränkt sich auf die gesetzlichen Mindestangaben. Gutachten basieren sogar manchmal nur auf einer Außenbesichtigung.

Voraussetzungen zum Mitbieten

Gebote erfolgen mündlich beim Versteigerungstermin oder vorab schriftlich bei der Registrierung beim Auktionator. Der Bieter muss einen gültigen Personalausweis vorlegen, Firmenvertreter zusätzlich, zum Nachweis ihrer Vertretungsbefugnis, einen beglaubigten Handelsregisterauszug neuesten Datums. Wer nicht persönlich anwesend sein kann, hat die Möglichkeit, durch eine notarielle Bevollmächtigung einen Vertreter zu benennen. Gebote werden immer nur in Höhe des bar an das Gericht zu zahlenden Teils des Meistgebotes abgegeben. Der Wert der noch eingetragenen Grundschuld oder der Hypothek ist deshalb zur Ermittlung des tatsächlichen Erwerbspreises zum Gebot hinzu zu rechnen.

Beispiel:
Abgegebenes Gebot: 50.000 Euro.
Gläubiger A: 60.000 Euro.
Gläubiger B: 40.000 Euro.
→ tatsächlicher Erwerbspreis: 150.000 Euro
    (zuzüglich Wert/Betrag der bestehen bleibenden Rechte im Grundbuch).

Überwiegend wird ein lastenfreier Erwerb (bezogen auf Abt. II und III des Grundbuchs) möglich sein (weitere Informationen zum Thema „Grundbuch" erhalten Sie ab S. 105). Wichtig ist eine vorherige Klärung des Mindestgebotes. Wer bieten will, sollte auf die so genannte Sicherheitsleistung vorbereitet sein: Bei Abgabe eines Gebotes müssen Sie, nach Aufforderung durch das Gericht, in der Regel eine Sicherheitsleistung in Höhe von 10 % des Verkehrswertes, mindestens jedoch in Höhe der Verfahrenskosten, erbringen. Möglich sind:

• Barzahlung.
• Eine unbefristete, unbedingte und selbstschuldnerische Bankbürgschaft.

- Ein bestätigter Landeszentralbank-Barscheck (ausgestellt von der Hausbank).
- Ein Verrechnungsscheck, der von einem dazu berechtigten Kreditinstitut ausgestellt sein muss und dessen Vorlegungsfrist nicht vor dem vierten Tag nach dem Versteigerungstermin auslaufen darf.

Der Versteigerungstermin gliedert sich in drei Abschnitte:

1. In der Bekanntmachung werden noch einmal alle wichtigen Daten vorgetragen, u.a. der Verkehrswert, die 5/10 oder 7/10 Grenze, die Grunderwerbssteuerpflicht, die Gläubiger usw.
2. Die eigentliche Versteigerung erstreckt sich über mindestens 30 Minuten, kann aber nach Ermessen des Gerichtes auch verlängert werden.
3. Verkündigung einer Entscheidung zum Zuschlag mit einer entsprechenden Begründung.

Mit Glück gilt das geringste Gebot als Mindestgebot. Dieses setzt sich zusammen aus:

- Den im Grundbuch eingetragenen Rechten und Belastungen, die übernommen werden müssen, wenn das Verfahren nicht vom erstrangigen Gläubiger betrieben wird.
- Den gerichtlichen Verfahrenskosten und eventuell rückständigen Grundsteuern.

Nach Beendigung der Versteigerung verkündet das Vollstreckungsgericht eine Entscheidung. Wird die 5/10 oder 7/10 Grenze nicht erreicht, gelten diese am jeweils nächsten Termin nicht mehr. Um eine Verschleuderung des Grundstückes zu vermeiden, kann der betreibende Gläubiger, allerdings nur vor Zuschlagserteilung, noch die einstweilige Einstellung des Verfahrens bewilligen oder den Versteigerungsantrag zurücknehmen. Der Gläubiger kann die Einstellung des Verfahrens nur dreimal beantragen, wobei dann die dritte Einstellungsbewilligung als Rücknahme des Versteigerungsantrages gewertet wird.

Fazit: Ein Schnäppchen bei einer Zwangsversteigerung zu machen ist eher schwierig, ein guter Preisnachlass ist allerdings möglich.

Kündigungsfristen gegenüber Mieter und Alteigentümer

Auch bei einer Versteigerung gilt der allgemeine Grundsatz „Kauf bricht nicht Miete", d.h. der Ersteher ist an bestehende Mietverträge grundsätzlich gebunden. In bestimmten Fällen besteht jedoch ein Ausnahmekündigungsrecht.

Gemäß § 57a des ZVG ist der Ersteher berechtigt das Miet- oder Pachtverhältnis unter Einhaltung der gesetzlichen Frist zu kündigen. Die Kündigung ist ausgeschlossen, wenn sie nicht für den ersten Termin erfolgt, für den sie zulässig ist. Weitere Ausnahmen sind im § 57c zu finden. Der Ersteher eines Grundstücks kann von dem Kündigungsrecht nach § 57a keinen Gebrauch machen, wenn und solange die Miete zur Schaffung oder Instandsetzung des Mietraumes ganz oder teilweise vorausentrichtet ist.

Ähnliches gilt für Pachtverhältnisse. Der Zuschlagsbeschluss wirkt gegenüber dem früheren Eigentümer, sofern er die Immobilie selber bewohnt, wie ein Räumungstitel. Der Erwerber kann mit dem Gerichtsvollzieher zusammen innerhalb von drei Monaten die Räumung durchführen, wenn der Altbesitzer noch im Haus wohnt.

Die Versteigerungsnebenkosten

Ähnlich wie beim normalen Gebrauchtimmobilienerwerb entstehen so genannte Erwerbsnebenkosten. Achtung: Maklercourtagen bei durch Zwangsversteigerungen erworbenen Objekten sind gesetzwidrig!

Folgende Kosten entstehen:

- Das Meistgebot nebst 4 % Zinsen vom Zeitpunkt der Zuschlagserteilung bis zur Verteilung (für ca. 4–6 Wochen).
- Die Zuschlagsgebühr beträgt etwa 430–900 Euro bei 100.000–250.000 Euro.
- 3,5 % Grunderwerbssteuer, berechnet anhand des Meistgebotes.
- Eintragungskosten beim Grundbuchamt etwa 200–500 Euro bei 100.000–250.000 Euro.
- Notar- und Grundbuchkosten für die Eintragung der neuen Grundschulden.

Wenn der Zuschlag rechtskräftig ist, das Verteilungsverfahren abgeschlossen ist und der Ersteher die Grunderwerbssteuer gezahlt hat, dann bittet das Gericht das Grundbuchamt, den Ersteher als neuen Eigentümer in das Grundbuch einzutragen und den Zwangsversteigerungsvermerk sowie die durch Zuschlag erloschenen Rechte auch im Grundbuch zu löschen (§ 130 ZVG).

Immobilien im Internet

Das Internet ist für Recherche und Informationsermittlung eine sehr geeignete Quelle. Grundsätzlich ist über die Eingabe der Begriffe in Suchmaschinen oder redaktionell betreuten Link-Sammlungen ein einfaches Auffinden der Information gewährleistet. Der Vorteil des Zugriffs auf schnelle Informationen und die damit verbundenen Möglichkeiten zur Analyse und Planung sind für Profis heute unabdingbar, für Laien auf jeden Fall empfehlenswert. Ein weiterer Vorteil des Internets ist die Anonymität, d.h. selbst vermeintlich peinliche Fragen können auf diesem Weg geklärt werden.

Alle Branchen zum Thema „Immobilien" sind im Netz vertreten. Leider gibt es auch eine Menge „schwarzer Schafe": Geben Sie deshalb niemals alle Ihre Daten frei (Datenschutz), prüfen Sie kostenpflichtige Angebote generell und ohne Zeitdruck vor deren Nutzung auf Machbarkeit und Genauigkeit, besonders bei komplexen Vorgängen.

Ein Überblick über wichtige im Internet vertretene Branchen:

- Fast alle Tageszeitungen, Wochen- und Fachzeitschriften, viele Anzeigenblätter und Immobilienanzeiger sind im Internet verfügbar. Besonders deren Immobilienangebote werden vermehrt online gestellt und sind sowohl einfach als auch aktuell abzufragen.
- Banken, Finanzdienstleister, Kreditvermittler und Bausparkassen bieten rund um das Thema Immobilienfinanzierung ihre Dienste an. Hier können Informationen über Beleihungen, Kreditkonditionen usw. abgerufen werden. Mittels Berechnungstools lassen sich sogar etwaige Belastungen selbst errechnen. Verbindliche Zusagen erfolgen jedoch niemals online, der Schriftverkehr mit Original-Unterschriften und Original-Dokumenten ist nach wie vor notwendig.
- Nahezu alle Versicherungen bieten inzwischen ihre Dienste auch rund um das Thema Immobilienversicherung an. Mangelhafte Übersichtlichkeit und Vergleichbarkeit von Qualität und Kosten der angebotenen Leistungen erschweren die Nutzung dieser Angebote.
- Leider tummeln sich im Internet auch zahlreiche Anbieter zum Thema Präsentation und Verkauf von Immobilien, die ihre Angebote von ein und dem selben Anbieter beziehen, so dass man oft dieselben Angebote findet.

Praktische Hilfen zum Immobilienerwerb im Internet

Im Internet werden auch sehr nützliche interaktive Programme angeboten: Mit den so genannten GIS-Anwendungen (Geographic-Informations-Systems) kann man bereits in vielen Ballungsgebieten einen ersten Blick auf die interessierende Immobilie und deren Umfeld werfen. Die dafür genutzten Satellitenaufnahmen sind inzwischen in brauchbarer Auflösung verfügbar. Eine erste Lageanalyse kann so schnell erstellt werden. Angaben zur Lage der Straße und Umgebungsbegrünung sind darin zum Beispiel ablesbar.

Viele Land- und Stadtplanhersteller bieten ihre Karten mit GIS gekoppelt zur Nutzung an. So können zusätzliche Informationen zu der betreffenden Stadt oder dem

Ortsteil sowie Einkaufsmöglichkeiten, Kneipen usw. abgefragt werden. Routenplaner berechnen sehr schnell und bequem den Weg von dem neuen Haus oder der neuen Wohnung zu diversen Zielen, wie z.B. dem Arbeitsplatz, der Schule, der nächsten Haltestelle usw.

Mit Hilfe von Baukostenrechnern können auch geplante Modernisierungs- bzw. Sanierungskosten ermittelt werden. Deren Leistungsfähigkeit darf allerdings nicht überschätzt werden, da die Eingabemöglichkeiten begrenzt sind und das Ergebnis nicht besser als die Dateneingabe sein kann. Interessant sind diese Rechner für die Bewertung der Eigenleistung oder für eine schnelle Kostenschätzung. Die Entwicklung wird hier aber sehr schnell fortschreiten. Verschiedentlich angebotene automatisierte Gutachten sollten mit Vorsicht betrachtet werden, weil sie viele Informationen und Fakten nicht berücksichtigen (können).

Im Internet sind Dienstleistungen durch die direkte Eingabe von Begriffen in die **Tipp** *Suchmaschinen, wie z.B. Baufinanzierung, Stadtname, Produkte, Einkaufsmöglichkeiten usw., zu finden. Einige Dienste werden auch von Fachzeitschriften angeboten oder über die Linklisten bestehender Immobilienseiten. Sehen Sie sich grundsätzlich nicht nur die ersten drei Ergebnisse der befragten Suchmaschine an.*

Die Objektbesichtigung

Die nächsten Kapitel geben Ihnen Hinweise und Ratschläge, worauf Sie zuerst bei der Suche und dann bei den Verhandlungen über den Kauf eines Gebrauchthauses achten müssen.

Wenn Ihre Suche nach geeigneten Kaufobjekten eine Auswahl zulässt, dann sollten Sie die damit verbundenen nochmaligen Hausbesichtigungen sehr gewissenhaft durchführen und so dokumentieren, dass Sie den Überblick über die jeweils festgestellten Vor- und Nachteile zuverlässig behalten werden!

Je nach Marktsituation und Durchstehvermögen werden etwa 10 bis 30 Kaufobjekte besichtigt. Sie müssen davon ausgehen, dass Anbieter gern auf eine schnelle Entscheidung drängen und damit argumentieren, dass es natürlich noch andere Interessenten gibt, die angeblich auch bereits ihre Gebote abgegeben haben. Mit der im Kapitel „Wie und wo finde ich ein geeignetes Haus?" beschriebenen Marktanalyse (Sammeln von Vergleichsangeboten und Objektverfolgung) kann dieses Argument entkräftet werden.

Anhand des Verbreitungsgrades einer Immobilie auf dem Markt (z.B. durch verschiedene Makler, im Internet, in verschiedenen Tageszeitungen) und der Dauer der

Vermarktung (die auch die Folge einer zu hohen Preisforderung sein kann), lässt sich das Kaufinteresse ungefähr abschätzen. Dadurch können Sie Zeit und Sicherheit für die Kaufpreisverhandlung und den evtl. Zuschlag gewinnen.

In der Regel wird der Höchstbietende den Zuschlag erhalten, bei mehreren gleichen Geboten kann eine Nachverhandlung stattfinden. Ein Problem für den Käufer ist die Einschätzung der Entscheidungsbereitschaft des Verkäufers für den Zuschlag. Um die eigene Chance zu erhöhen, sind folgende Möglichkeiten bzw. Verhaltensweisen bei der Besichtigung eines Objektes in Betracht zu ziehen:

Privater Verkauf:

- Freundlichkeit gegenüber dem Eigentümer bzw. dessen Vertretern (viele Immobilienverkäufe haben einen tragischen Hintergrund, wie z.B. Tod, Scheidung, finanzielle Nöte).
- Versuchen Sie soziale Aspekte, wie z.B. Kinder, Gemeinsamkeiten, gleiche Arbeit oder Bekannte, in das Gespräch einfließen zu lassen.
- Flexibilität bei der Festlegung von Besichtigungsterminen (viele private Anbieter sind mit dem „Ansturm" der Kaufinteressenten überfordert, und bei Besichtigung von noch bewohnten Objekten sollte die Intimsphäre des Anbieters gewahrt werden).
- Geben Sie immer ein schriftliches Gebot mit Nennung eines Verhandlungsspielraumes ab.
- Untermauern Sie Ihr Interesse mit weiteren telefonischen Nachfragen zum Stand der Dinge.
- Überreichen Sie dem Anbieter eine Finanzierungsbestätigung der Bank über den entsprechend verfügbaren finanziellen Rahmen.
- Verschweigen Sie aber alle eventuellen Überlegungen bzw. Planungen für bauliche Veränderungen oder Mängelbeseitigungen am Haus (viele Anbieter reagieren in diesem Zusammenhang sehr sensibel, da sie oft noch eine sehr emotionale Bindung an das Objekt haben).

Verkauf über einen Makler:

- Makler sind an Standesregeln, an gesetzliche Vorgaben und an ihren Auftraggeber gebunden. Alle wirklich wichtigen Entscheidungen wird der Eigentümer treffen. Versuchen Sie deshalb den direkten Kontakt zum Eigentümer.
- Angebote sind grundsätzlich schriftlich mit Finanzierungsbestätigung und Nennung des Kaufzeitpunktes vorzulegen.
- Unterstellen Sie dem Makler entsprechende Professionalität und Neutralität. Prüfen Sie aber, ob er Ihre Fragen ausreichend beantworten und Ihnen zusätzliche Objektinformationen beschaffen kann.

- Versuchen Sie zu vermeiden, dass der Makler Ihre eigenen guten Ideen und Argumente – absichtlich oder unabsichtlich – an andere Kaufinteressenten weitergibt.

Fast jeder Makler oder private Verkäufer veranschlagt ca. 10 % Verhandlungsspielraum beim ersten Angebot (z.B. in der Zeitung). Fragen Sie Ihren Makler nach der Entstehung des Kaufpreises, wie lange das Objekt auf dem Markt ist, ob er einen Alleinauftrag hat und wie der Kauf abgewickelt werden soll. **Tipp**

Weitere Informationen über die Arbeit des Maklers finden Sie hier im Buch in dem Kapitel *„Die am Kauf beteiligten Personen"*.

Versuchen Sie die Objektbesichtigungen mit Freunden und/oder Familienmitgliedern durchzuführen – es ist immer besser, mehrere Beurteilungen zu erfahren. Besichtigen Sie lieber ein Objekt zu viel, Sie erweitern dadurch Ihren Kenntnisstand. Erscheinen Sie bei zeitversetzten Besichtigungsterminen etwas früher als vereinbart. So können Sie vielleicht die Kaufbereitschaft anderer Interessenten etwas besser abschätzen.

Eine methodische Vorgehensweise und gute Vorbereitung der Objektbesichtigung sind wichtig, denn jede Besichtigung bringt neue Erfahrungen, und die Qualifizierungsliste wird dadurch ständig erweitert und geändert. Die vorab erstellten Anforderungen an die Gebrauchtimmobilie werden an die Erfahrungen aus den einzelnen Besichtigungen angepasst. Die Bewertungskriterien für die Wunschimmobilie werden in einem Soll-Ist-Abgleich erfasst und bewertet. Das aus der Bedarfs- und Finanzanalyse entstandene Qualifizierungsprofil wird jetzt systematisch abgearbeitet. Alle von der Entscheidung betroffenen Institutionen und Personen sind jetzt zur Entscheidungshilfe hinzu zu ziehen. Der Nutzen mehrerer Sichtweisen und Meinungen ist wertvoll und soll bei jeder Qualifizierung zur Hilfe genommen werden.

Wenn Sie die Möglichkeit dazu haben, dann sollten Sie die Tageszeit für die zu vereinbarende Besichtigung, besonders für die Innenbesichtigung, mit Bedacht wählen. Bedenken Sie die dann herrschenden Licht- bzw. Witterungsverhältnisse, die zum Beispiel das Erkennen von Bauschäden erschweren können. Sinnvolle Hilfsmittel bei der Besichtigung sind: Fotoapparat, Digitalkamera, Zollstock, Bandmaß, Kompass, Messgeräte (Luxmeter, Schallpegelmessgerät), Diktiergerät und Notizblock.

Viele Objekte werden nach nur zwei- bis dreimaliger Besichtigung innerhalb kürzester Zeit gekauft. Im Vergleich zum Kaufpreis des Objektes und zu dessen langer Nutzungsdauer würde sich jeder Verbraucherschützer wegen dieser Risikobereitschaft an den Kopf fassen. Empfehlung: Überdenken Sie Ihren Kaufentschluss in Ruhe, wenn Sie sich noch nicht ganz sicher sind.

Die Kaufpreisverhandlung

Die Kaufpreisverhandlung sollte niemals alleine zum Abschluss geführt werden. Versuchen Sie immer einen glaubwürdigen Zeugen dabei zu haben. Die Verhandlung sollte zeitnah und unter persönlicher Anwesenheit aller Beteiligten nach der letzten Objektbesichtigung stattfinden. Zwingende Vorraussetzung zur Glaubwürdigkeit und Legitimation ist immer die Finanzierungsbestätigung - nur so sind Sie ein vollwertiger Verhandlungspartner!

Grundsätzlich ist der Zeitpunkt der endgültigen Verhandlung über den Kaufpreis und über den Notartermin mit allen noch an diesem Prozess Beteiligten abzustimmen. Das Spiel auf Zeit ist für die Verhandlungspartner immer mit dem Risiko eines vorzeitigem Abverkaufs an Dritte oder eines Absprungs durch den Interessenten verbunden. Gehen Sie mit der Gewissheit in die Verhandlung, dass es immer wieder andere geeignete Objekte geben wird - nur so behalten Sie Ruhe und Übersicht.

Verkaufsverhandlungen werden immer parallel mit anderen Interessenten durchgeführt. Die Entscheidung kann durch eine schriftliche Reservierungsvereinbarung beschleunigt werden, die allerdings rechtlich nicht bindend ist. Kostet diese Vereinbarung Geld, dann ist eine spätere Verrechnung mit dem Verkaufspreis üblich. Bei Nichtabnahme des Objektes hängt diese Kostenerstattung von der individuellen Gestaltung der Vereinbarung ab. Sinn einer Reservierungsvereinbarung ist es, Sicherheit bis zum Notarvertrag über einen noch ungeklärten bestimmten Sachverhalt, z.B. über Sanierungskosten, über die Genehmigungsfähigkeit von Anbauten usw., zu erhalten.

Tipp   *Inhalt, Dauer und Kosten einer Reservierungsvereinbarung sind individuell verhandelbar. Bei größeren Objekten oder Erschließungsprojekten wird sie oft mit einer Auflassungsvormerkung im Grundbuch verknüpft. Eine Reservierungsvereinbarung sollte nicht mehr als 1.000–2.000 Euro für ein bis drei Monate kosten, da mit ihr eigentlich nur auf sonst eventuell anfallende Zinsen des Verkaufspreises verzichtet wird. Sie sollten auf einer schriftlich festgehaltenen Erstattung dieser Kosten bestehen, zum Beispiel durch entsprechende Verrechnung mit dem vereinbarten Kaufpreis des Objektes.*

Eine Kaufpreisverhandlung hat keinerlei rechtliche Bindung, wirksam ist nur der Notarvertrag. Wenn sich die Verhandlung über mehrere Wochen hinzieht, sollte die Objektsuche nicht beendet werden. Nur so verschaffen Sie sich Klarheit über die Richtigkeit Ihrer Entscheidung.

Ein Rücktritt ist vor Unterzeichnung des Notarvertrages jederzeit kostenfrei möglich. Eine Provisionspflicht an den Makler entsteht ebenfalls erst bei Unterschrift des notariellen Kaufvertrages. Da der Auftraggeber des Vertrages in der Regel der Verkäufer ist, hat er auch die Gebühren dafür zu bezahlen. Wenn Sie den Notarvertrag frühzeitig in Auftrag geben, können Gebühren entstehen, die Sie übernehmen können.

Den Zuschlag erhält der Meistbietende. Eine transparente Entscheidungsfindung gibt es jedoch weder bei Privatverkäufern noch beim Verkauf über einen Makler. Wer professionell, fair und sachlich verhandelt, hat gute Chancen.

Weitere detaillierte Informationen zum Thema „Kaufpreisverhandlung" finden Sie in diesem Buch in dem Kapitel *„Die am Kauf beteiligten Personen"*.

Anforderungen an Haustyp und Grundriss

In den vorherigen Kapiteln haben Sie Informationen zur Erstellung einer individuellen Bedarfs- und Finanzierungsanalyse erhalten. Sind Sie diesen Empfehlungen gefolgt, dann hat Ihnen die Bank, basierend auf Ihren Daten, einen Finanzierungsrahmen eingeräumt. Sie befinden sich inzwischen aktiv auf der Suche nach einem geeigneten Gebrauchthaus.

Auf dem Immobilienmarkt werden die unterschiedlichsten Haustypen in einem sich überschneidenden Preisrahmen angeboten. Lage, Größe, Bautenzustand und die Ausstattung der Objekte sind ausschlaggebend für den Preis. Es folgt eine kurze Übersicht der gängigsten Haustypen und über deren typischen Merkmale.

Haustypen und ihre Charakteristika

Klassiker und Favorit unter allen deutschen Haustypen ist das Einfamilienhaus. In seiner im Grunde noch heute üblichen Konzeption entstand es im Rahmen des Wiederaufbaues und der Wirtschaftswunderzeit vor allem in den 1950er Jahren.

Vor dieser Zeit in städtischen Gebieten gebaute Einfamilienhäuser sind eher experimentell (z.B. als gleichförmige Siedlungen) geprägt.

Als die Städte aus ihren historischen, oft auch noch stark zerstörten Kernen herauswuchsen, fand die gezielte Besiedlung des Umlandes statt. Aus den ursprünglichen Siedlungshäusern, schlicht und zweckgebunden, entwickelte sich eine Vielfalt von Ein- und Zweifamilienhäusern, deren Typen sich wie folgt unterscheiden:

Das Siedlungshaus entstand 1945–1965 im Rahmen des Wiederaufbaues und der Aussiedler- und Flüchtlingsproblematik. Siedlungshäuser sind in der Regel sehr klein und kompakt gebaut, mit einem Flächenumfang von ca. 80 bis 120 m², mit einem Teilkeller, einer kleinteiligen Raumaufteilung, vielen Räumen und häufigen Um- bzw. Anbauten. Einfache Dach- und Hausformen entstanden aus Zeit-, Geld- und Materialknappheit. Mangelhafter Dachausbau sowie baukonstruktive und bauphysikalische Fehler wurden damals in Kauf genommen.

Da sich deren Sanierung oft nicht mehr lohnt, wurden bzw. werden sie häufig abgerissen. Wer den Kauf eines Siedlungshauses plant, sollte das Objekt von einem unabhängigen Fachmann begutachten lassen, das Risiko grundlegender Mängel ist hier besonders groß!

Von Interesse können jedoch die früher üblichen Erbpachtgrundstücke sein, weil sie oft verhältnismäßig groß sind und sich für eine Teilung bzw. Neubebauung besonders eignen!

Das Fertig(teil)haus als Einfamilienhaus hatte sich – nach mühsamen Anfängen und wegen vieler Mängel – etwa um 1965 etabliert. Es wurde seitdem stetig weiterentwickelt und kann nach heutigem Produktionsstand den Ansprüchen an Grundriss, Gestaltung, Ausstattung und Material ebenso gerecht werden wie den Anforderungen der Wärmeschutzverordnung.

Bei älteren Fertighäusern liegt das Kaufrisiko in versteckten Mängeln, z.B. in der Formaldehydbelastung von Spanplatten oder asbesthaltigen Bauteilen. Der Neuaufbau einer Holzständerwand ist in der Regel sehr problematisch und teuer. Vor dem Kauf eines Holzständerhauses aus den 1970er Jahren (und früher) sollte immer eine Schadstoffuntersuchung durchgeführt werden.

Häuser neueren Datums (etwa ab 1980) sollten weitgehend frei sein von Asbest und Formaldehyd. Problematisch ist jedoch der noch häufig mangelhafte Wärmeschutz. Generell gilt, dass der Umbau eines Fertigteilhauses sehr schwierig ist, da seine Statik oft sehr knapp bemessen wurde. Auftretende bauphysikalische Probleme basieren häufig auf den alten Wand-, Dach- und Deckenaufbauten.

Fertig(teil)häuser aus den letzten zwanzig Jahren bieten bei fachgerechter Konstruktion und Errichtung mehr Sicherheit und Komfort.

Das Niedrigenergiehaus ist zunächst ein normales Ein- oder Zweifamilienhaus, das seit Anfang der 1980er Jahre bis heute unter den neuesten energietechnischen Erkenntnissen weiterentwickelt wird. Wand-, Dach- und Deckenaufbau entsprechen immer den jeweils verwendeten Baustoffen, die Dämmdicke ist stets dem Stand der Wärmeschutzverordnung angepasst und dahingehend verstärkt. Besonderheiten sind in der Haustechnik zu finden: Von Solar- oder Photovoltaikanlagen bis hin zur kontrollierten Be- und Entlüftung sind alle Anlagentypen vertreten.

Der Bungalow besteht nur aus dem Erdgeschoss. Das Dach kann als flach geneigtes Satteldach oder als Flachdach ausgeführt sein. Bungalows sind insbesondere zum barrierefreien Wohnen geeignet bei nur geringem Umbaubedarf. Beim Erwerb eines Bungalows ist zu prüfen, ob eine Aufstockung, vielleicht sogar ein Dachausbau, sinnvoll zu realisieren wären.

Das Hanghaus hat die Besonderheit der versetzten Ebenen bzw. des teilgenutzten Kellers, je nach Öffnung zur Hanglage. Probleme können sich mit dem Grundwasser bzw. der Abdichtung der Außenwand ergeben (drückendes Wasser). Bauphysikalisch

(Wärme- und Feuchtigkeitsschutz) sollten bei der Hausbesichtigung alle zum Wohnen genutzten Kellerräume auf ihren Zustand untersucht werden.

Das Atriumhaus wird im Prinzip als Bungalow mit Flachdach um einen Innenhof herum gebaut. Diese Hausform ist aber nicht sehr weit verbreitet.

Das konventionelle Einfamilienhaus hat sich regional unterschiedlich entwickelt. Hausbezeichnungen bzw. Haustypen sind z.B. das Friesenhaus (wegen seiner Giebel so genannt), das Landhaus (amerikanisch/kanadisch geprägt) oder das mediterran geprägte Einfamilienhaus. Gebaut wird, was gefällt und was der Geldbeutel bzw. die Bauordnung zulassen. Eine Beurteilung ist nach energetischen, technischen und individuellen Wünschen möglich.

Das Doppelhaus ist ein gespiegeltes Einfamilienhaus. Diese Wohnform ist seit Mitte des 19. Jahrhunderts in unseren Städten verbreitet. Entstanden in Anlehnung zur so genannten Zeilenbebauung oder zum Reihenhaus. Ein Doppelhaus ist im Verhältnis meistens etwas günstiger zu erwerben als ein freistehendes Einfamilienhaus und damit eine Alternative bei Kaufüberlegungen.

Ein Doppelhaus ist billiger zu bauen, da es weniger Land benötigt und einige Details, z.B. Ortgänge, eingespart werden können. Es bietet gegenüber dem Reihenhaus mehr individuelle Möglichkeiten, beispielsweise die Gartennutzung, und ist weniger einengend. Nachteilig sind die unterschiedlichen Belichtungsverhältnisse, je nach Orientierung zur Sonne, und der fehlende Schallschutz zum Nachbarn (bei Altbauten bis ca. 1970). Nachbarschaftliche Streitigkeiten über individuelle Gestaltungsmöglichkeiten oder An- und Umbauten sind mögliche Konfliktpunkte.

Das Reihenhaus (auch Kettenhaus) gehört zu den ältesten Haustypen. Die ersten Reihenhäuser entstanden im 17. Jahrhundert, aufgrund des knappen Baulandes zunächst als „Arme-Leute-Häuser" innerhalb der Stadtmauern. Später, im Laufe der Industrialisierung, waren es in erster Linie Arbeitersiedlungen, die in Form von Reihenhausanlagen entstanden. Proportional zum steigenden Wohnflächenbedarf nahm die Anzahl der Reihenhäuser zu. Standen zur Jahrhundertwende noch 80 bis 100 m² Wohnfläche zur Verfügung, so haben die modernen Reihenhausanlagen heute über 100 bis 140 m² Wohnfläche.

Schwachpunkte bei Reihenhäusern sind z.B. Konstruktionsmängel, geringer Schallschutz, beengtes Wohnen, schlechte Grundrisse, enge Treppenanlagen usw. Reihenhäuser sind in fast jeder Preislage zu finden und in vielen Fällen auch relativ erschwinglich bzw. rentabel zu unterhalten.

Das Stadthaus kann ein Reihen- oder Doppelhaus sein. Stadthäuser werden im Zusammenhang mit dem Stichwort „Verdichtetes Wohnen" innerhalb der Stadt auch als Neubauten angeboten. Gemeint sind im vorliegenden Zusammenhang aber nur Altbauten aus dem 17.–19. Jahrhundert, die als „Stadthäuser" verkauft und deshalb hier als „Altbau" bezeichnet werden! Altbauten sind meist sehr zentral gelegen, entsprechend ihrer Epoche individuell ausgestattet und garantiert ein Unikat. Häufig handelt es sich um kleine Villen, die zentral um den historischen Stadtkern entstanden sind. Ältere Objekte sind von der Mischnutzung Wohnen und Arbeiten geprägt, denn der Grundgedanke des reinen Wohnens entstand erst um 1850. Wenn Sie einen Altbau erwerben möchten, sollte eine fachkundige Person zu Rate gezogen werden. In den noch folgenden Kapiteln *„Denkmalschutz und Baudenkmäler"* und *„Bestandsschutz und bauliche Veränderungen"* finden Sie in diesem Buch weitere Informationen zum Thema Altbauten.

Das gemischt genutzte Objekt (Wohnen und Arbeiten/Vermieten) kann entweder ein Mehrfamilienhaus (das Erdgeschoss dient der Arbeit) oder ein entsprechend großes Einfamilienhaus sein. Die Umwandlung eines Mehrfamilienhauses in ein Einfamilienhaus, sofern es nicht leerstehend ist, kann nur über die Eigenbedarfsklage und Kündigungen der Mieter realisiert werden. Die Vorgehensweise der Kündigung ist mit einem fachkundigen Anwalt vorher zu klären. Sprechen sie schon vorher mit den Mietern und bieten Sie finanzielle und materielle Unterstützung an. Der Umbau zu einem Einfamilienhaus kann, aufgrund der Grundrisszuschnitte, Probleme mit sich bringen, z.B. Wohnen über mehrere Ebenen oder zu viele kleine Räume.

Legen Sie sich nicht auf einen Haustyp fest, besichtigen Sie auch Objekte, die nicht als freistehendes Einfamilienhaus angepriesen werden. Ruhige Wohnoasen lassen sich in fast jeder Stadt finden, und mit ein wenig Fantasie und der richtigen Planung, entpuppt sich manchmal eine vermeintliche Schrottimmobilie als wahres Juwel. **Tipp**

Der Grundriss

Im Idealfall sollte das Exposé bzw. Verkaufsangebot einen maßstäblich gezeichneten Grundriss (M 1:100 oder M 1:50) enthalten, sodass eine Vorabprüfung möglich ist und eine Besichtigung vor Ort eventuell entfallen kann. Im Gegensatz zum Neubau und der damit verbundenen individuellen Planung ist beim Gebrauchthaus vor allem der Bestand zu beurteilen. Mit dem von Ihnen erstellten Raumprogramm (Bedarfsanalyse) können Sie dann einen Abgleich vornehmen. Bei berechtigtem Interesse kann eine Einsicht in die Bauakte im Bauamt verlangt werden.

Grundrissanalyse

Die Grundrissgrafik eines Hauses ergibt sich aus den baulichen Gegebenheiten und dem Haustyp. Sie wurde nach den Vorgaben erstellt, die zum Zeitpunkt des Neubaus gefordert waren.

Achten Sie auf die Nutzungsachsen des Grundrisses, sie zeigen die häufigsten Wege innerhalb der Wohnung an. Bedenken Sie in diesem Zusammenhang das Wohnen mit Kindern oder das Wohnen im Alter. Grundrisse, die über mehr als zwei Geschosse verteilt sind, sind in der Regel problematisch.

Der wichtigste Vorteil eines übersichtlichen Grundrisses ist seine bessere Gebrauchs-tauglichkeit. Es entstehen weniger Bauschäden durch eine geschickte Anordnung von Räumen mit unterschiedlichen bauphysikalischen Eigenschaften (innenliegende Bäder und Küchen oder Windfänge). Bei einer Sanierung sind konstruktive Mög-lichkeiten ohne statische Eingriffe realisierbar.

Ein Grundriss ist dreidimensional zu betrachten, denn Belichtung, Raumpropor-tionen und Raumempfinden funktionieren nur als Einheit. Wesentliche Merkmale eines Grundrisses sind die Nutzungszonen und Bezugsachsen. Zu empfehlen ist die mehrmalige Begehung des Hauses zu unterschiedlichen Tageszeiten.

Flächen- und Raumanalyse zur Nutzung

Ein komfortabler Grundriss sollte über genügend Bewegungsflächen verfügen. Schon der Eingangsbereich kann sich als Hindernis erweisen, wenn z.B. der Kinderwagen nicht durch die Tür passt oder der Begegnungsverkehr im Flur nicht bzw. kaum möglich ist.

Achten Sie auf folgende Flächen- und Raummaße:

- Die Erschließung des Hauses erfolgt durch einen Windfang oder ein Treppen-haus, die beide etwa 1,30 m breit sein sollten.
- Die Eingangstür kann ein lichtes Durchgangsmaß von ca. 1 m haben.
- Die Treppenlaufbreite sollte mindestens 1 m betragen, mit einer lichten Durch-gangshöhe von 2 m an der niedrigsten Stelle. Die Steigung darf 17 cm ± 3 cm nicht überschreiten, die Auftrittsbreite der Stufen darf 29 cm –5 cm bzw. + 9 cm nicht unter- bzw. überschreiten.
- Die Bewegungsflächen zwischen Wand und Stellfläche sollten 70 cm betragen. Flure können 130 cm, Nebenflure mindestens 90 cm breit sein. Die Durchgangs-breite bei Türen sollte mindestens 88,5 cm betragen. Kleiner als 88,5 cm (z.B. 76,5 cm) wäre für Nebenräume möglich, aber nicht zu empfehlen.

- Spielflächen in Kinderzimmern müssen mindestens 1,20 x 1,80 m betragen. Jedes Kind sollte einen eigenen privaten Bereich besitzen. Weitere Spielflächen innerhalb der Wohnung können auch möglich sein.
- Das Wohnzimmer, ohne Essplatz, sollte eine Fläche von mindestens 18 – 20 m² haben (für mehr als vier Personen sind ca. 24 m² ohne Essecke einzuplanen). Für Essplätze werden bei vier Personen mindestens 180 x 130 cm, für sechs Personen 180 x 180 cm und für acht Personen 180 x 240 cm Fläche benötigt.
- Eine Küche muss funktional nutzbar sein. Die Höhe von Arbeits- und Abstellflächen sollte ca. 90 cm betragen. Bei der Planung von Umbaumaßnahmen ist besonders auf die Fensterbrüstungen zu achten: Zwischen zwei gegenüberliegenden Zeilen sollten mindestens 120 cm Platz sein. Kleinküchen haben eine Fläche von ca. 5 – 6 m², Arbeitsküchen 8 – 10 m² und Essküchen 12 – 14 m². Die Anordnung der Schalter, Leuchten und Lüftungseinrichtungen muss komfortabel sein. Steckdosen sollten in ausreichender Anzahl vorhanden sein.
- Die Anordnung der Fenster ist auf deren ausreichende Brüstungs- und Sturzhöhe zu überprüfen.

Beziehen Sie in die Planung ihrer Möblierung auch die Bewegungsflächen mit ein. **Tipp**
Das sind die zwischen den verschiedenen Stellflächen oder zwischen den Stellflächen und Wänden freibleibenden Flächen.

Checkliste Grundriss

Kriterium	Kommentar	Bewertung		
		negativ	neutral	gut
Belichtungsverhältnis der Räume				
Einteilung in Nutzungszonen				
Räume ohne Fenster				
Verhältnis von Raumgröße zur Nutzung				
Durchgangszimmer				
Achsenbildung/Grundrissgrafik				
Lage der Räume zur Umgebung				
Einblickmöglichkeit				

Kriterium	Kommentar	Bewertung		
		negativ	neutral	gut
Durchgangsbreite der Flure				
Länge der Routinewege				
Wandflächen für die Möblierung				
Türgrößen (Durchgangsbreite)				
Brüstungs- und Sturzhöhen der Fenster				
Belüftung der Räume/Querlüftung				
Anzahl der Räume/Teilung oder Vergrößerung möglich?				
Möblierungsvarianten möglich?				
Prüfung der Einzelräume/Raumgröße				
Raumakustik				
Bauliche Ausführung der Einzelräume (Boden- und Wandbeläge, Elektrik)				
Funktionsprüfung der Haustechnik				
Funktionsprüfung der Küche				
Wärmeverteilung im Raum (Heizungsstandorte)				
Feststellung von Mängeln in allen Einzelräumen				
Übertragung von Geräuschen innerhalb des Hauses				
Schrägen im Dachgeschoss				
Sind weitere nutzbare Ebenen vorhanden?				

Das Grundstück

Baugrund

Für jedes neu zu errichtende Bauwerk wird entsprechendes Bauland, also ein Grundstück, benötigt. Um sich vor Gefahren für das Bauwerk zu schützen, sind die Erkundung und das Wissen um den Zustand des Baugrundes sehr wichtig.

Die Erkundung kann durch geologische Karten, Baugrundkarten oder Bodenbewertungskarten geschehen. Zusätzlich können Sie sich auch einfach beim Nachbarn nach der dort vorkommenden Bodenart erkundigen. Bodenbezeichnungen setzen sich nach Masseanteilen zusammen (Haupt- und Nebenanteil). Die Klassifizierung der Böden kann nach deren Bearbeitungsmöglichkeit und nach deren Zusammensetzung erfolgen:

Oberboden (Mutterboden)
- Fließende Bodenarten (Kies und Sand).
- Leicht, mittel und schwer lösbare Böden (Lehm, Ton, Mergel).
- Leicht und schwer lösbarer Fels.

Guter Baugrund
- Grobkörnige Böden (Kies und Sand).
- Gemischtkörnige Böden (Kies/Schluff, Kies/Ton, Sand/Schluff, Sand/Lehm).
- Feinkörnige Böden (Kies und Sand).

Problematischer Baugrund
- Organogene Böden und Böden mit organischer Beimengung (Schluff/Ton).
- Grob bis gemischtkörnige, humusreiche Böden mit kalkigen Bindungen.
- Organische Böden (Torf und Mudde).
- Auffüllung mit natürlichem Boden oder mit Fremdstoffen (dabei besonders auf Altlasten achten!).

Grundwasser

Ein weiterer wichtiger Untersuchungsgegenstand ist der Grundwasserstand des jeweiligen Grundstückes. Es wird zwischen drei Grundwasserarten unterschieden: Freies Grundwasser, das nicht unter Druck steht, ist bei ebenen Geländen anzutreffen. Je nach Region können unterschiedlich hohe Grundwasserstände vorkommen. Der freie Grundwasserstand ist auch abhängig von nahen Gewässern oder Flüssen, dem Höhenniveau des Grundstückes sowie den Lehm-, Ton- oder Mergelschichten im Untergrund.

- Schwebendes Grundwasser (Schichtenwasser) ist eine Ansammlung zwischen wasserundurchlässigen Bodenschichten. Leider ist es von außen nicht zu erkennen. Nur Untersuchungen schaffen Klarheit, wenn Anzeichen für schwebendes Grundwasser vorliegen.
- Gespanntes artesisches Grundwasser steht unter Druck und ist häufig an Hängen oder in hügeligem Gelände anzutreffen (Endmoränenlandschaft).

Freies Grundwasser	schwebendes Grundwasser	artesisches Grundwasser
nicht bindiger Boden z. B. Kies / Grundwasserschicht / Wasserundurchlässige Bodenschicht	nicht bindiger Boden z. B. Kies / Grundwasserschicht / Wasserundurchlässige Bodenschicht	nicht bindiger Boden z. B. Kies / Grundwasserschicht / Wasserundurchlässige Bodenschicht

Abb. 2: Grundwasserarten (Biehlig)

Das Grundwasser kann durch Drainagen abgeführt werden. Der höchste Grundwasserstand darf max. etwa 50 cm unter dem Fundament liegen. Bei Bauwerken, die im Grundwasserbereich gegründet sind, ist ein Fachmann heranzuziehen.

Mängel, die bei drückendem Wasser (artesisches Grundwasser) auftreten können, sind nur mit viel Aufwand und entsprechenden Kosten zu sanieren. Setzungsprobleme können bei ständig schwankendem Grundwasserpegel auftreten. Durch Pumpen und Drainagen kann der Grundwasserstand kurzfristig gesenkt werden, sodass kein Stauwasser entsteht und Unterspülungen der Fundamente vermieden werden.

Außenanlagen

Jedes Familienmitglied sollte möglichst noch vor Beginn der Immobiliensuche seine eigenen Anforderungen an die Außenanlagen, insbesondere an einen gewünschten Garten, definieren. Die vor bzw. neben dem Haus nutzbaren Flächen und die Gartengröße hinter dem Haus können ein ausschlaggebender Kaufgrund für das Objekt sein. Sie werden auch eine wichtige Rolle bei der Immobilienbewertung spielen.

Der Käufer sollte die Anforderungen an die künftige Nutzung seiner Außenanlagen und die damit verbundenen Arbeiten bzw. Kosten nicht zu knapp einschätzen.

Zur Bewertung eines Objektes gehört daher auch eine realistische Einschätzung des Gartens bzw. der Außenanlagen. Einflussfaktoren wie Einsichtigkeit, Umgebungslärm, Verschattung durch hohe Bäume, Orientierung zur Sonne, Anbindung zum

Wohnen oder vielleicht ein Platz für den Bau einer kleinen Holzhütte als Ersatz oder zur Entlastung des Kellers können den Kauf entscheidend beeinflussen.

Stellplätze und Garagen

Zum wichtigen Bewertungskriterium einer Immobilie ist die Verfügbarkeit eines Stellplatzes oder einer Garage geworden. Auch der Gesetzgeber geht in der Landesbauordnung (LBO) auf die Stellplätze ein, so wird z.B. für Neubauten ein entsprechender Nachweis verlangt. Zu jeder Wohnung oder jedem Haus soll ein Stellplatz für einen PKW gehören. Der Gesetzgeber sieht hier Ausnahmen vor, wenn der Nachweis der notwendigen Stellplätze nicht möglich ist und die Forderung eines Ablösebetrages nicht in Betracht kommt. Möglichkeiten bestehen auch bei Vorhaben des Denkmalschutzes, der Modernisierung, der Schaffung von zusätzlichem Wohnraum durch Ausbau und bei weiteren Maßnahmen, die sonst nicht durchgeführt werden könnten.

In der Regel besagt die Landesbauordnung, dass der Bau von Stellplätzen unter besonders erschwerten Bedingungen bei entsprechender Zustimmung der Kommune auch durch Zahlung eines Geldbetrages ausgeglichen werden kann (Ablösung der Stellplatzverpflichtung). Dieser Betrag kann sich auf ca. 60 % der Herstellungskosten (etwa zwischen 2.500 bis 12.500 Euro) eines öffentlichen Stellplatzes in zumutbarer Entfernung belaufen. Die Verfahren sind in diesem Zusammenhang sehr unterschiedlich und von vielen örtlichen Problemfeldern beeinflusst. Man sollte vor einer Kaufentscheidung die aktuelle Situation ergründen und nicht auf Allgemeinplätze während eines Verkaufsgesprächs hören.

Technische Anforderungen an Stellplätze und Garagen

Stellplätze und Garagen müssen verkehrssicher sein und den Anforderungen des Brandschutzes, d.h. dem Gefährlichkeitsgrad der Treibstoffe sowie der Anzahl und Art der abzustellenden Kraftfahrzeuge genügen. Das gilt gleichermaßen für Garagen, die innerhalb eines Gebäudes, d.h. im Keller oder im Erdgeschoss, integriert sind.

Von Vorteil sind massive Decken und Wände aus Mauerwerk oder Beton mit entsprechender Brandschutzverkleidung. Wichtig ist, dass Garagen und deren Nebenanlagen zu belüften sind und nicht zweckentfremdet werden. Garagen und Stellplätze sind – möglichst geräusch- und geruchsarm – so anzuordnen und auszuführen, dass deren Benutzung weder gesundheitsgefährdend noch über das zumutbare Maß hinaus belästigend ist.

Garagenstellplätze für Personenkraftwagen müssen mindestens 5 m lang und mindestens 2,30 m breit sein. Unter Berücksichtigung der heutigen Fahrzeuggrößen und deren Bewegungsradius sollten mindestens 3 m Breite und 6 m Länge vorhanden sein, besonders wenn der Einfahrtswinkel durch parkende Autos oder fließenden Verkehr nicht optimal genutzt werden kann. Bei Garagenstellplätzen für Schwerbehinderte müssen bei senkrechter und schräger Aufstellung mindestens 5 m, bei Längsaufstellung mindestens 6 m eingeplant werden. Die Breite dieser Stellplätze sollte mindestens 3,50 m betragen. Fahrgassen müssen bei Schrägstellung im Winkel von 45° mindestens 3,50 m und bei Senkrechtstellung mindestens 6,50 m breit sein.

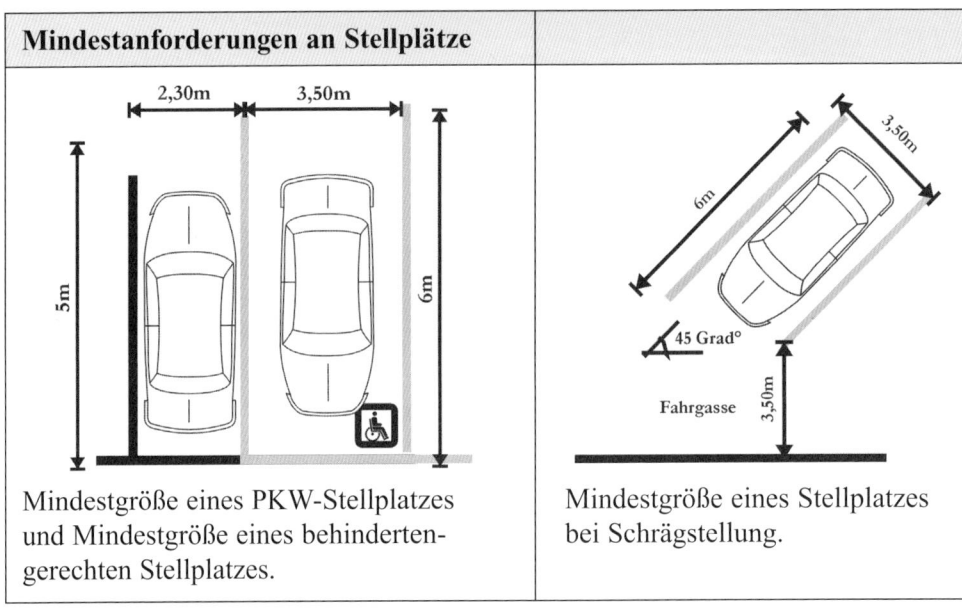

Mindestanforderungen an Stellplätze	
Mindestgröße eines PKW-Stellplatzes und Mindestgröße eines behindertengerechten Stellplatzes.	Mindestgröße eines Stellplatzes bei Schrägstellung.

Abb. 3: Stellplatzgrößen (Biehlig)

Wege und Plätze im Außenbereich

Gestaltung, Zweck und Ausführung von Wegen und Nutzflächen können den Wohnkomfort eines Objektes wesentlich mitbestimmen. Die Anforderungen und Erwartungen an solche Plätze im Außenbereich, z.B. Treppen, Wege, Stellplätze, Terrassen, sollten mit den Finanzierungsmöglichkeiten und Ansprüchen übereinstimmen. Eine intelligente Freiraumgestaltung und Gartenarchitektur steigert den Wert einer Immobilie und kann ein Zeichen von Komfort und Luxus sein.

Unterschieden wird zwischen befestigten und unbefestigten Flächen. Die Anforderungen an befestigte Wege und Plätze definieren sich aus Art und Häufigkeit ihrer

Nutzung. Intensiv genutzte Flächen, z.B. Wege, sollten eine dem Zweck entsprechende Versiegelung haben, beispielsweise mit einem Pflaster. Zudem müssen Frostsicherheit, Entwässerung, statische Sicherheit und regelmäßige Pflege bzw. Kontrolle gewährleistet sein.

Unbefestigte Wege und Plätze werden nicht zur Berechnung der Grundflächenzahl herangezogen, da hier in der Regel nur eine offenporige Versiegelung oder überhaupt keine Versiegelung vorliegt.

Befestigte Wege können nach der Landesbauordnung offenporig mit Schotter ausgeführt sein (dann werden sie der Grundflächenzahl nicht zugerechnet) oder sie können geschlossen versiegelt, z.B. betoniert, werden (dann werden sie jedoch wieder zugerechnet).

Generell sind die Größen der Außenanlagen auf ihre Gebrauchstauglichkeit zu überprüfen (z.B. die Größe der Stellplätze, der Bauzustand usw.). Die Gebrauchstauglichkeitsprüfung schließt in der Regel die technische Prüfung mit ein.

Checkliste Grundstücksbewertung

Kriterium	Kommentar	Bewertung		
		negativ	neutral	gut
Größe und Nutzungseignung				
Einhaltung der Grundflächenzahl und der Geschossflächenzahl				
Einteilung in Bauvor- und Bauhinterland				
Vorhandensein von Abstandsflächen/ Grenzbebauungen				
Grundstückspreis gemäß Bodenrichtwertkarte				
Altlasten des Grundstücks				
Auflagen aus Naturschutzgründen				
Auflagen aus der Bodendenkmalpflege				

Kriterium	Kommentar	Bewertung		
		negativ	neutral	gut
Prüfung des Emissionseinzugsgebietes anhand der Hauptwindrichtung				
Lärmkarte bei der Kommune erfragen: Bahnbetrieb, Flughäfen usw.				
Unmittelbare Lärmquellen in der Nachbarschaft				
Kehrgebühren, Winterdienst usw.				
Bodenqualität und Bodenbeschaffenheit				
Bodenart				
Grundwasserstand unterm Gelände				
Topologie des Grundstückes				
Bewertung der Bepflanzung (Baumbestand, Büsche, Blumen)				
Einsichtigkeit des Grundstückes für Außenstehende				
Möglichkeiten weiterer Außenanlagen (Garage, Schuppen)				
Zustand der Wege und Plätze				

Wohlfühlen im neuen alten Haus

Einschätzung der „Wohlfühlfaktoren"

Es gibt Aspekte bei einem Hauskauf, die sich nicht in Zahlen oder Normen pressen lassen, obwohl sie Ihr häusliches Leben stark beeinflussen werden: Die so genannten „Wohlfühlfaktoren". Diese Faktoren werden alle Ihre Sinne ansprechen und die Lebens- und Wohnqualität Ihres neuen Heims bestimmen, beispielsweise Lärmschutz, Geruch, Belichtung und Atmosphäre.

Deshalb lauten auf die Frage „Was erwarten Sie von Ihrer Wohnung oder Ihrem Haus?", die häufigsten Antworten: „Tageslicht, Geräumigkeit, Sonneneinstrahlung, Ruhe, großer Garten, Sicherheit, guter Bauzustand usw." In diesem Kapitel soll auf die Wohlfühlaspekte des Wohnens eingegangen werden, und worauf sie diesbezüglich beim Erwerb eines Gebrauchthauses achten sollten.

Licht und Sonne

Wer kennt das nicht: Trotz hellem Sonnenschein muss das Licht eingeschaltet werden! Der Grund: Zu wenig Tageslicht. Für Wohnungen gibt es keine speziellen Richtlinien für die richtige Beleuchtungsstärke bei Tageslicht.

Empfohlen werden für Wohnungen mindestens 100 Lux je nach Art der Tätigkeit. Für Büroarbeitsplätze 300–500 Lux, für Verkehrsflächen ca. 50–100 Lux (die Maßeinheit Lux steht für die Beleuchtungsstärke). Zum Vergleich: Im Freien wird bei Sonnenschein eine natürliche Beleuchtungsstärke von ca. 100.000 Lux und je nach Bewölkungsgrad zwischen 5.000 und 10.000 Lux erreicht.

Der Tageslichtquotient stellt die empfundene Helligkeit an einem bestimmten Punkt im Raum dar. Ein für Nutzer zufriedenstellender Tageslichtquotient wird gemäß DIN erreicht wenn:

- Ca. 55 % der Wohnraumbreite als Fenster angelegt wurden.
- Die Brüstung höchstens 90 cm über dem Fußboden liegt.
- Die Sturzhöhe mindestens 220 cm über dem Fußboden liegt.
- Die Höhe des Fensters 130 cm nicht unterschreitet.
- Die Fensterfläche des Raumes ca. 16 % der Bodenfläche entspricht.

Das Beleuchtungs-/Belichtungsniveau eines Raumes hat unmittelbare Auswirkungen auf unser Empfinden. Starke oder zu flaue Kontraste ermüden das Auge. Die

Lichtrichtung, Schattigkeit und Blendung sind dem anzupassen. In Räumen ist auf ein harmonisches Farbklima zu achten: Zu helle, kontrastarme Räume wirken unnatürlich auf das menschliche Auge.

Des Weiteren ist die umliegende Bebauung zu prüfen: Bei einem Sonneneinstrahlungswinkel von ca. 60–80° reicht oftmals schon eine ungefähre Skizze zur Ermittlung der zu erwartenden Einstrahlung durch die Sonne.

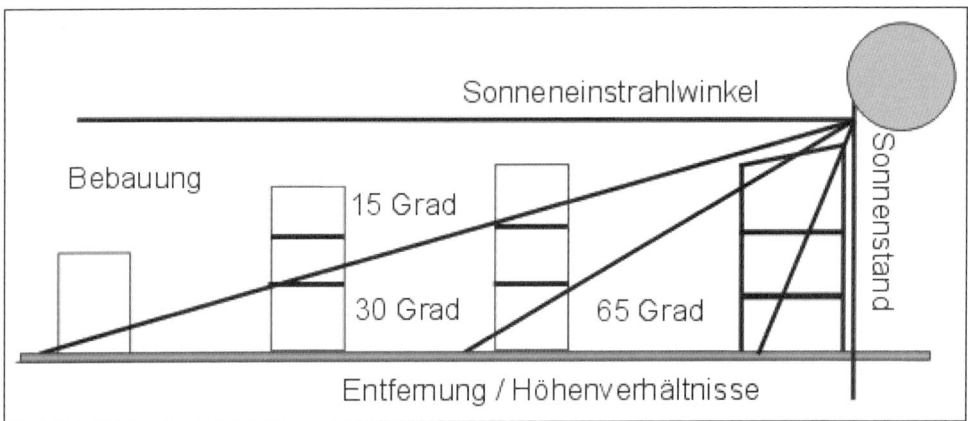

Abb. 4: Belichtungsverhältnisse außen (Biehlig)

Weitere beeinflussende Faktoren der Sonneneinstrahlung sind ungünstig geschnittene tiefe Räume (Schlauchräume), die Fensteranordnung und der Fensterflächenanteil in Räumen sowie die Orientierung des Hauses zur Sonne.

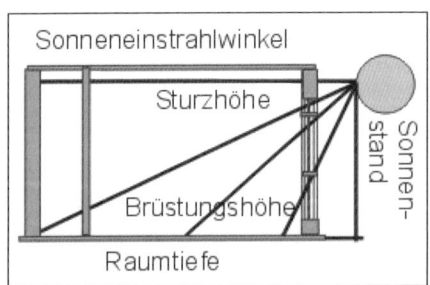

Abb. 5: Belichtungsverhältnisse innen (Biehlig)

Tipp   *Wenn eine ausreichende natürliche Belichtung nicht gegeben ist, kann eine künstliche Beleuchtung helfen: In warmen Farbtönen und entsprechend dimensioniert. Für 100 Lux Beleuchtungsstärke sind bei Glühbirnen 15 Watt/m² und bei Leuchtstofflampen 6 Watt/m² zu installieren.*

Schadstoffe in der Luft

Frische und gesunde Luft dient dem Wohlbefinden und der Gesundheit. Die Qualität der Raumluft wird einerseits durch Verunreinigungen in der atmosphärischen Luft und andererseits durch raumbedingte Belastungen beeinträchtigt. Der Mensch hält sich ca. 80 bis 90 % des Tages in geschlossenen Räumen auf. Luftdichte Gebäude, ungeeignete (neue) Baustoffe oder Schadstoff-Emissionen aus belasteter Umwelt sorgen für schlechte Luft in Innenräumen. Weitere Belastungen können zum Beispiel durch Wand- und Bodenbeläge aus unterschiedlichsten Materialien und durch andere Verunreinigungen der Raumluft verursacht werden.

Das Haus lässt sich auch auf äußere Einflüsse hinsichtlich der Raumluftqualität untersuchen. Eine Hilfe kann hier das zuständige Umweltamt sein: Dort gibt es Karten mit der Radonbelastung (das Risiko ist bei felsigem Baugrund höher), Aussagen über den Ozonwert und eventuelle sonstige Besonderheiten z.B. Altlastenverdacht. Ein weiteres Kriterium ist die Emission aus Arbeits- und Produktionsstätten in der Umgebung. Grillimbisse, Fischläden oder Schweineställe sind oftmals noch das kleinere Übel. Vor allem Mülldeponien, Industrieanlagen, Einflugschneisen und Bahnbetriebe können einem das Wohnen und Leben im Garten oder bei geöffneten Fenstern je nach Windrichtung und Stärke vermiesen.

Halten Sie bei der Objektbesichtigung nicht nur die Augen, sondern ebenso auch die Nase „offen". Manche Schäden lassen sich sogar „riechen".

Lärm und Schallschutz

Der gefühlte Lärmpegel innerhalb der eigenen Wohnung ist ein wesentlicher Wohlfühlfaktor. Lärm macht krank und mindert nebenbei auch noch den Wert des Objektes. Es ist zwischen dem Lärm, der innerhalb des Hauses oder der Wohnung und der außerhalb des Hauses entsteht, zu differenzieren. Zusätzliche Faktoren sind die Verbreitung des Schalls im Inneren und die Möglichkeit der Schallübertragung von außen nach innen. Schlafbeeinträchtigung, Leistungsminderung, Kommunikationsstörungen, Stressreaktionen usw. sind nur einige negative Auswirkungen des Lärmes auf den menschlichen Körper.

Je nach Lage des Objektes sind verschiedene Schallquellen möglich. Im innerstädtischen Bereich sind es, neben dem erhöhten Umgebungslärm aus den umliegenden Straßen, auch wesentlich naheliegendere Dinge. Oft werden häufig wiederkehrende Schallspitzen störender empfunden als die natürlichen Umgebungsgeräusche. Hohe Störfaktoren sind der Anlieferverkehr mit LKW, Bus, Bahn, starker PKW-Verkehr, eventuell sogar Fluglärm. Weitere Lärmquellen sind nahe Arbeits- und Produktionsstätten, Schulen und Versammlungsstätten. Als störend kann durchaus auch das Sozial- und Kommunikationsverhalten der Mitmenschen aus der Nachbarschaft empfunden werden.

Es wird häufig sehr schwierig sein, ein Kaufobjekt bezüglich seiner Schallbelastung zuverlässig zu beurteilen. Ist das bei der ersten Objektbesichtigung nicht möglich, dann muss sich eine erneute, speziell darauf konzentrierte Besichtigung zu besonders „lärmanfälliger" Tageszeit anschließen.

Handelt es sich hier um die äußeren Einflüsse, so stellt sich auch die Frage, wie das Objekt bezüglich des Schallschutzes in seinen eigenen, insbesondere den schutzbedürftigen Räumen beurteilt werden kann. Die Wahl schalldämmender Baumaterialien und eine vernünftige Grundrisskonzeption (Lage der „störanfälligen" Räume zueinander) ist eine wichtige Voraussetzung für ungestörtes Wohnen.

Liegt das Schlafzimmer z.B. unter dem Badezimmer, getrennt durch eine ungedämmte Holzbalkendecke, so werden Probleme auftreten.

Ebenso wichtig ist die Lage der einzelnen Räume zur Schallemissionsquelle. Liegen die Schlafzimmer zum Garten oder zur Straße heraus oder sind eventuelle Sammelstellplätze oder Garagenanlagen der weiteren Anlieger optimal angeordnet? Der durch die Nutzung eines Hauses entstehende Lärm ist entsprechend dem Grundriss und den Gewohnheiten der Bewohner zu betrachten.

Bei der Überprüfung des Grundrisses kann der in schutzbedürftigen Räumen auftretende Schalldruckpegel häufig nicht genau erfasst werden. Der Kaufinteressent muss sich seinen Eindruck vor Ort verschaffen.

Tipp   *Grundsätzlich gilt beim Schallschutz: Je schwerer die Bauausführung (Rohstoffdichte der verwendeten Baustoffe) desto höher der Schallschutz. Den geringsten Schallschutzfaktor gegen Außenlärm haben in der Regel Fenster, Türen und der Dachausbau.*

Eine weitere Lärmquelle im Haus sind haustechnische Anlagen. Die Heizungsanlage (Zündung und Umwälzpumpe), die Rohrleitung (Fließgeräusche, knacken), Armaturen (Füllgeräusche), Waschmaschinen und Klimaanlagen (Ventilatoren) sind entsprechend zu prüfen. Bei vielen elektrisch betriebenen Geräten (Heizungen, Kühlschränke) wird der Schalldruckpegel angegeben. Der Wert sollte möglichst niedrig sein. Zum Vergleich: Im Wohnbereich werden tagsüber 35–40 dB gefordert und nachts 25–30 dB. Dieser Wert ergibt sich aus der Differenz zwischen dem äußeren und inneren Schallpegel.

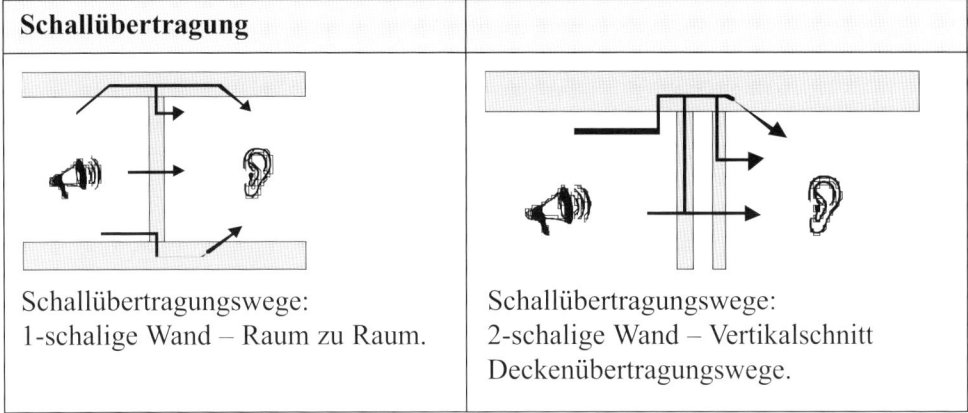

Schallübertragung

Schallübertragungswege:
1-schalige Wand – Raum zu Raum.

Schallübertragungswege:
2-schalige Wand – Vertikalschnitt
Deckenübertragungswege.

Abb. 6: Schallübertragungswege (Biehlig)

Bei Zwei- und Mehrfamilienhäusern ist die Schallübertragung aus angrenzenden **Tipp**
Wohnungen zu beachten. Ebenfalls sind Trittschallschutz und mögliche Schallüber-
tragungswege zu prüfen.

Testen Sie auch den Trittschallschutz innerhalb des Hauses, indem Sie einfach stock-
werkübergreifend Lärm produzieren (trampeln, hämmern oder laut sprechen).
Können Sie sich weiterhin normal unterhalten, so ist von genügend vorhandenem
Schallschutz auszugehen.

Das Bau-Schalldämmmaß bei einem Grundgeräusch-Schallpegel von 30 dB(A) und
20 dB(A) ist in Abhängigkeit der Gesprächslautstärke zu bewerten. Bei einer Schall-
dämmung von 57 dB(A) ist bei einem Grundgeräuschpegel von 30 dB(A) nichts von
der Unterhaltung aus dem Nachbarraum zu verstehen.

Sprachverständlichkeit	30dB(A)	20 dB(A)
Nicht zu hören	57	67
Zu hören, jedoch nicht zu verstehen	47	57
Teilweise zu verstehen	42	52
Gut zu verstehen	32	42

Die am weitesten verbreitete Lärmbelastung verursacht der Straßenverkehr, dessen
Beurteilung jedoch relativ schwierig ist. Die Belastung durch den Straßenverkehr
kann bei den Behörden erfragt werden (z.B. Bauamt). Öffnen Sie bei der
Besichtigung des Kaufobjektes die Fenster in allen Räumen und schließen Sie die
Türen, um die Lärmpegel des Straßenverkehrs zu überprüfen.

Ein Schalldruckpegelmessgerät ist im Fachhandel bzw. im Elektronikversand für 40 bis 70 Euro erhältlich. Der Spitzenpegel in der Wohnung sollte 30 dB, max. 40 dB, betragen. Lärmschutzwände mindern den Schall zum Teil. Hauptursache für eine Lärmbelastung ist in der Regel der Straßenverkehr. Dessen Beurteilung ist relativ schwierig und nicht nur von den Ergebnissen eines Messgerätes abhängig.

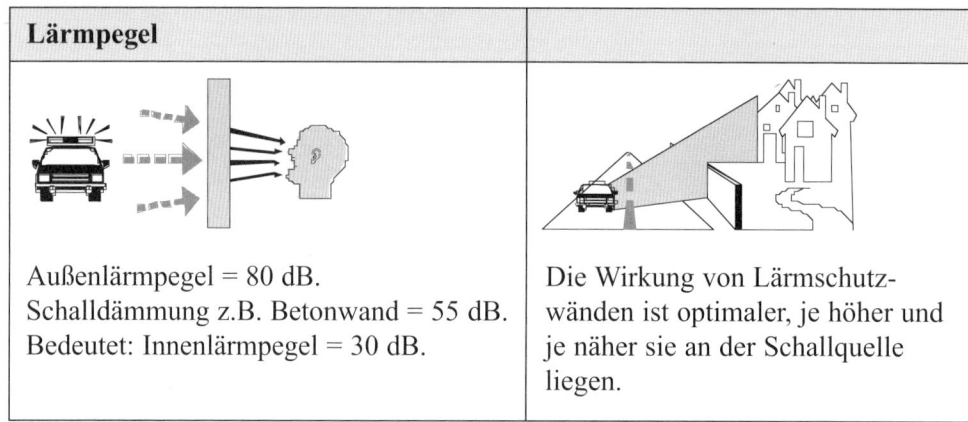

Lärmpegel	
Außenlärmpegel = 80 dB. Schalldämmung z.B. Betonwand = 55 dB. Bedeutet: Innenlärmpegel = 30 dB.	Die Wirkung von Lärmschutzwänden ist optimaler, je höher und je näher sie an der Schallquelle liegen.

Abb. 7: Außenlärmpegel (Biehlig)

Beispiele: Schallquellen	Schalldämmwerte von Materialen
PKW Stadtverkehr 80 dB. Rasenmäher 75 dB. LKW 90 dB. Motorrad 85 dB. Landregen 30 dB.	Stahlbeton (d = 12 cm) = 48 dB. Hohlblockstein (verputzt, d = 24 cm) = 45 dB. Kalksandlochstein (verputzt, d = 30 cm) = 54 dB. Porotonziegel (verputzt, d = 30 cm) = 47 dB. Gasbetonplanblock (verputzt, d = 30 cm) = 45 dB. Schwere 2-schalige Wände können bis zu 60 dB erreichen.

Bauschadenanalyse

Einschätzung des Sanierungsbedarfs

Die Bauschadenanalyse dient der Schätzung der folgenden Instandhaltungs- und Sanierungskosten, die nach dem Erwerb eines Gebrauchthauses auf Sie noch zukommen können.

Die Erhaltungskosten eines Gebäudes betragen etwa 100 bis 150 % der Herstellungskosten, bzw. 1 bis 1,5 % pro Jahr, bezogen auf eine angenommene 100-jährige Nutzung. Nicht eingerechnet sind die Verbrauchskosten für Strom, Gas usw. Anhand des Alters der Immobilie können anhand dieser Formel eventuelle Rückschlüsse auf noch folgende Kosten gezogen werden.

Ein Profil möglicher Schäden, Mängel, eigener Umplanungen und Renovierungen ist vorab zu erstellen. Es soll helfen, die oft sehr knappe Zeit der Besichtigung vor Ort besser zu nutzen. Dieses Profil sollte mit jeder weiteren Besichtigung bzw. bei Erhalt zusätzlicher Informationen ständig ergänzt werden.

Eines der hauptsächlichen Probleme ist die zeitliche Klassifizierung von Immobilien und deren Innenausbau. Nur sehr selten sind noch vergleichbare Häuser in ihrer ursprünglichen, allenfalls nur sehr geringfügig sanierten Form zu finden. Denn in den meisten ähnlichen, d.h. bis spätestens in den 1960er Jahren erbauten Objekten, wurden bereits oft sogar sehr umfangreiche Modernisierungs- und Sanierungsarbeiten ausgeführt. Es gilt dann herauszufinden, wann welche Maßnahmen durchgeführt worden sind. Ein gezieltes Gespräch mit dem Eigentümer hilft die ungefähre Entstehungszeit des Objektes besser einordnen zu können.

Zu den häufigsten Arbeiten einer Instandhaltung oder Sanierung gehören:

- Nachträgliche Dämmung des Daches
  (z.B. bei falschem Schichtenaufbau, bei zu wenig Dämmung und Innendämmung).
- Einbau einer neuen Heizungsanlage.
- Ausbau des Dachgeschosses
  (Probleme hier: Falscher Schichtenaufbau bei Dämmung, keine Luftdichtigkeit, schwere Baustoffe, schlechte Raumaufteilung, mangelnder Schallschutz).
- Evtl. Einbau neuer Bäder oder Küchen (Probleme bei alten Rohren und Elektrik).
- Kleine Anbauten (z.B. Vorbauten zum Eingang, Wintergarten usw.).
- Elektroarbeiten (Verkabelung, neue Schalter, Sicherungskasten).

- Schönheitsreparaturen: Malerarbeiten, Wandbeläge erneuern, Bodenbeläge ausbessern oder austauschen.

Tipp   *Ein beliebter Trick von Verkäufern ist es, neue billige Teppiche, Malerarbeiten und sonstige schnelle Schönheitsreparaturen auszuführen. Das Objekt wird („dünn drüber") herausgeputzt und soll so zumindest nach einer schnellen Inaugenscheinnahme durch den Laien ausreichen.*

Weitere Probleme bei der Besichtigung ergeben sich aus der Tages- und Jahreszeit oder dem Leerstand des Hauses.

Beispiel: Viele Feuchtigkeitsprobleme sind im Sommer gar nicht erkennbar oder sie entstehen erst später durch den Leerstand. Auch Besichtigungen bei Dämmerung oder Dunkelheit sollten generell vermieden werden! Ganz egal, welche Ausreden der Verkäufer benutzt, um Sie doch dafür zu gewinnen.

Eine Klassifizierung der Bauschäden bzw. eine Einteilung der Mängel kann nach folgendem Schema geschehen:

- Unwesentliche, aber gut zu behebende Mängel
  (z.B. schief geklebte Tapeten).
- Wesentliche, aber gut zu behebende Mängel
  (z.B. Austausch der Bleileitungen).
- Unwesentliche, aber nicht zu behebende Mängel
  (z.B. schiefe Wände und Räume im Altbau).
- Wesentliche, nicht zu behebende Mängel
  (z.B. drückendes Grundwasser im Keller, dauerhafte
  Unterspülung der Fundamente).

Zusätzlich zur Beurteilung des Mängelgrades können Schäden in folgende Kategorien eingeteilt werden:

- Substantielle Schäden sind Schäden am Tragwerk durch falsche Dimensionierung, Setzungen durch ungenügende Gründung und die dadurch entstandenen Risse.
- Feuchtigkeitsschäden durch Wasser von innen (Baufeuchte, Rohrbrüche), von außen (Grund- oder Regenwasser) oder durch falsches Nutzerverhalten.
- Optische Mängel sind in der Regel schlecht ausgeführte Arbeiten (z.B. schiefe Tapeten oder ein ungleichmäßiges Fugenbild).
- Bei offensichtlich ungenügender oder unterlassener Instandhaltung (Originalbauteile) ist der Grad des Verschleißes zu prüfen.

- Verdeckte, nicht sichtbare Mängel sind z.B. falsch dimensionierte Elektroleitungen oder Bleileitungen unter Putz.
- Schadstoffe und Kontamination durch früher zugelassene oder falsch eingesetzte Baustoffe und Chemikalien.
- Insekten- und Pilzbefall jeglicher Art lassen auf verschiedene Ursachen schließen, die in der Regel jedoch einen Baumangel darstellen. Hier ist zwischen frischem aktiven und altem Befall zu differenzieren.

Sanierungsbedürftigkeit einzelner Bauteile

Die Beanspruchung der bei älteren Immobilien verwendeten Materialien bzw. Bauteilen erhöht auch deren Schadensanfälligkeit im Laufe der Jahre. Das Entstehen von entsprechendem Sanierungsbedarf wird sich deshalb an einigen Bauteilen nicht vermeiden lassen.

Die folgende Übersicht hilft Ihnen, die Lebensdauer einiger Bauelemente und Baumaterialien besser einzuschätzen:

5 bis 15 Jahre
- Fußbodenbeläge (Textil, PVC, Laminat).
- Tapeten und Anstriche.
- Pappdächer (bituminöse Abdichtungen).
- Außenanstrich an Fassade.
- Außenanstriche von Fenstern, Türen und Holzbauteilen.

15 bis 30 Jahre
- Heizung: Heizbrenner, Heizkessel und Heizleitungen (Stahl).
- Sanitär: Wasserleitungen (Stahl und Blei).
- Küchenausstattungen und Badausstattungen, Armaturen, Fliesenbeläge.
- Elektro: Elektroschalter- und Dosen, Durchlauferhitzer, Heizgeräte.
- Fenster aus Kunststoff.
- Innentüren (Pressholz).
- Außentüren (Schichtholz, Kunststoff).
- Vordächer, Geländer (Stahl).
- Dachrinnen und Fallrohre aus Zink.

30 bis 50 Jahre
- Heizung: Heizkörper und Heizkessel (Guss), Heizleitungen (Kupfer).
- Sanitär: Wasserleitungen (Kupfer), Sanitärgegenstände.
- Elektro: Elektroleitungen.
- Holzfenster (Hartholz).

- Innentüren (Vollholz).
- Fensterbänke (Aluminium, Hartvollholz).
- Vordächer, Geländer (Zink, Aluminium).
- Dacheindeckung: Tonziegel, Zinkblech, Kupfer, Betondachstein, Schiefer.
- Dachrinnen (Zink, Aluminium, Kupfer).
- Kellerabdichtung.

Eine realistische Einschätzung der Lebensdauer einiger Elemente ist nur bei einer örtlichen Begehung möglich, denn oftmals wurden Produkte nur sehr mangelhaft verarbeitet oder sie sind minderer Qualität, sodass die Mindestnutzungsdauer unterschritten ist. Des Weiteren ist die Lebensdauer stark abhängig von der mechanischen Beanspruchung der Bewitterung. Die oben genannten Zeitangaben sind lediglich Anhaltswerte für die Immobilienbewertung. Als erste Hilfe für mögliche Rückschlüsse auf die Restlebensdauer und den Sanierungsbedarf sind sie jedoch ausreichend.

Zu bewerten ist aber andererseits auch, dass zum Beispiel besonders bei alten Häusern oft der Wunsch besteht, dass die Originalbauteile noch vorhanden sind, um sie aufarbeiten bzw. restaurieren zu können.

Aus den vermuteten Wartungs- bzw. Sanierungsintervallen lässt sich ein vorläufiger Zeitplan darüber erstellen, wann etwa welche Maßnahmen fällig sein werden. Eine weitere wesentliche Hilfe ist die Auswertung aller vorhandenen Daten, die so genannte Bestandsdatenerfassung:

Bestandsdaten
Baupläne, technische Pläne (Bestands- und Revisionspläne), Berechnung der Wohn- und Nutzfläche, Baugenehmigung, Umbaugenehmigung, Statik für alle Um- und Anbaumaßnahmen (sofern vorhanden oder nötig), technische Anlagenbeschreibung, Heizkessel, Messprotokolle des Schornsteinfegers, Firmenliste für mögliche Garantien, Bauverträge mit Gewährleistungsfristen.

Öffentlich rechtliche Unterlagen
Aktueller Grundbuchauszug, Abt I, II, III des Baulastenverzeichnisses, behördliche Auflagen aus dem Flächennutzungsplan, Bebauungsplan, Katasterplanauszug, Bodenrichtwertauskunft, Erschließungskostenbescheinigung, Grundsteuer, Straßenreinigung, Veränderungsnachweis für nicht eingetragene Vorgänge.

Wirtschaftliche Unterlagen
Mietverträge, Nebenkostenabrechnungen (Heizung, Strom, Wasser), eventuelle Wartungsverträge, Versicherungen jeglicher Art.

Die Hauptprobleme der Bauten bis 1950

Grundsätzlich bestehen bei un- oder teilsanierten Bauten dieses Alters bauphysikalische Mängel im Bereich Wärme-, Feuchte- und Schallschutz. Der Brandschutz spielt bei Ein- oder Zweifamilienhäusern in der Regel gemäß Musterbauordnung (MBO) kaum eine Rolle. Typische konstruktive Mängel sind:

- Schadhafte Holzbalkendecken.
- Rostende Stahlträger.
- Unzureichende Fundamente.
- Dachstuhl als Holzkonstruktion.
- Mauerwerk (Abplatzungen und Bröselsteine aufgrund von Witterung und dauerhafter Durchfeuchtung).

Viele Eigentümer unterlassen es z.B. Holzbalkendecken an deren Auflagerpunkten zu prüfen, oder Fußpunkte vom Dachstuhl, Schwellen bei Fachwerkbauten und Fundamente zu kontrollieren. Die einfache Begründung ist, dass viele Prüfungen nur durch eine Zerstörung möglich sind, oder aber die Bauteile sind komplett eingebaut (verkleidet) oder umbaut, z.B. in Reihenhausanlagen oder innerstädtischen Gebieten mit einer Blockbebauung.

Die wichtigsten sichtbaren Anhaltspunkte für baukonstruktive Mängel sind Risse, schiefe Ebenen oder feuchte Stellen mit teilweisem Schimmelbefall im Sockelbereich oder im Dachbereich.   **Tipp**

Schimmelbefall an Anschlussstellen können feuchtigkeitsbedingt entstanden sein, d.h. bei einer Holzdeckenkonstruktion kann am Auflagerpunkt schon der Balkenkopf weggefault sein. Schiefe beulende Wände zeugen von einer unplanmäßigen Belastung, hier können verschiedene Maßnahmen, z.B. frühere Umbauten, die Ursache sein. Unzureichende Fundamente, nicht frostfreie Gründungen oder dauerhaft durchfeuchtete und damit in ihrer Tragfähigkeit verminderte Fundamente sind die Ursache für Setzungen.

Bei nicht instandgehaltenen Fachwerkbauten besteht die Gefahr, dass die Schwelle aus Vollholz teilweise verrottet ist und sich die Wand, einschließlich der Decke bzw. des Daches, daraufhin langsam gesetzt hat.

Die technische Gebäudeausstattung (TGA) ist vielfach veraltet, korrodiert oder aufgrund baulicher Änderungen verkehrt dimensioniert. Versorgungsleitungen sind zugesetzt mit Kalk oder sonstigen Ablagerungen, sodass vielfach die Gefahr einer Verstopfung besteht. Isolierungen an Elektrokabeln sind mürbe und brüchig, wodurch Kriechströme entstehen können. Die Absicherung ist zu niedrig, es gibt keine zusätzliche Erdung und keinen Fehlerstromschutzschalter in den Feuchträumen. Über die so genannten Schönheitsreparaturen werden sich die Geschmäcker streiten. Häufig sind gerade diese Arbeiten noch am wenigsten notwendig, da viele Eigentümer dies in Eigenleistung gemacht haben. Leider sind bei einer umfassenden Sanierung alle jene Arbeiten erneut auszuführen.

Schimmel im Haus

„Bis heute gibt es in der Fachwelt keine schlüssige Antwort auf die schwierige Frage, wie Schimmelpilzschäden methodisch sicher und auf einheitliche Weise zu erfassen sind und wie man insbesondere verdeckte Schäden feststellen kann. Auch die gesundheitliche Bewertung der Schimmelpilzbelastung geschieht wegen einer Reihe offener Fragen nicht immer sicher" (Zitat des Umweltbundesamtes).

Fest steht, Schimmelpilze sind eine der Hauptursachen für allergische Reaktionen und Atmungskrankheiten. Häufig treten Niesreiz, Atemnot und Augentränen auf. Die Lebensqualität wird eingeschränkt, die Arbeits- und Leistungsfähigkeit nimmt ab. Zudem lässt ein Schimmelpilzbefall fast immer auf Bauschäden oder falsches Nutzungsverhalten schließen, beide Varianten sind zu prüfen, beispielsweise mit der Ausschlussmethode. Leider ist das in der Praxis nicht immer möglich, da sich i.d.R. weder Makler noch Eigentümer Fehler eingestehen. Wie kann man aber trotzdem die Gefährdung des vorhanden Schimmels beim Wunschobjekt abschätzen?

Arten von Schimmelpilzen und ihre Merkmale

Schimmelpilze sind ein natürlicher Teil unserer Umwelt, es gibt etwa 100.000 verschiedene Arten mit der Aufgabe organische Substanzen abzubauen und diese als Humus den Pflanzen wieder zuzuführen. Normalerweise sind sie harmlos, der Mensch hat mit ihnen zu leben gelernt. Wenn die Konzentration allerdings ein bestimmtes Maß übersteigt, kann dies zu gesundheitlichen Problemen führen. Schimmelpilze benötigen zum Wachsen viel Feuchtigkeit. Die Ursachen erhöhter Feuchtigkeit innerhalb von Gebäuden entstehen entweder durch unsachgemäße Nutzung oder Einwirkungen von außen.

Grundsätzlich wird zwischen drei Schimmelpilzarten unterschieden, die in verschiedenen Temperaturbereichen wachsen können:

Bezeichnung	Minimum Temperatur	Maximum Temperatur	Vorkommen
Mesophile	0 – 5°	25 – 35°	Eher außerhalb von Räumen.
Thermotolerante	0 – 5°	30 – 40°	Innerhalb von Räumen.
Thermophile	20 – 25°	35 – 55°	Selten innerhalb von Räumen zu reinen Wohnzwecken.

Zusätzlich zu den Temperaturen benötigt der Schimmelpilz einen geeigneten Untergrund zum wachsen. Ideal sind Holz, Holzwerkstoffe (Spanplatten), Papier (Tapeten/Gipskarton), Farben und Lacke (Dispersionsfarben sowie wasser- und nicht wassergebundene Lacke), Teppichböden und sogar Beton und Mauerwerk. Allen Materialien gemeinsam ist, dass sie Wasser aufnehmen können - eine weitere wichtige Vorraussetzung zur Entstehung von Schimmel. Entscheidend hierbei ist das frei zur Verfügung stehende Wasser für den Schimmelpilz, welches durch den Wasserdampfdruck auf dem Untergrund entsteht. Freies Wasser kann durch die Sättigung des Materials oder durch Kondensation aufgrund des Taupunkts entstehen.

Entstehung von Schimmel

Zu hohe Luftfeuchtigkeit und zu wenig Zirkulation, verbunden mit dem richtigen Untergrund, sind ideale Bedingungen für die Entstehung von Schimmelpilzen. Die meisten Schimmelpilze gedeihen am besten bei einer Luftfeuchtigkeit von 80 % und einer Temperatur von über 20 Grad Celsius. An kälteren Stellen kommt es zur Feuchtigkeitsbildung, z.B. an der Innenseite von Außenwänden (Gebäudeecken), neben Fenstern oder hinter Schränken und Fußleisten. Nachträgliche Wärmeschutzmaßnahmen oder fehlender Wärmeschutz an bestimmten Bauteilen führen zu Tauwasseranfall, diese konstruktiven Mängel nennen sich Wärmebrücken.

Wärmebrücken entstehen häufig an Balkonplatten und am Kelleranschluss. Natürliche Wärmebrücken befinden sich an Ecken. An diesen Stellen wird die Wärme schneller nach draußen geleitet. Die entsprechende Fläche wird kälter als die Umgebung, was zu Tauwasserbildung führen kann. Wenn der Luftaustausch durch eine zu dampfdichte Konstruktion nicht mehr gewährleistet werden kann, z.B. durch Fensteraustausch oder eine innenliegende Dämmung, verliert das Gebäude nur noch wenig Wärme und es findet ein sehr geringer Luftaustausch über die Fugen statt. Tägliches Stoßlüften oder der Einbau mechanischer Lüftungsanlagen können hier Abhilfe schaffen.

Von außen zugeführte erhöhte Feuchtigkeit durch ungenügende Abdichtung, fehlende Horizontal- und/oder Vertikalsperren sorgen im Keller bzw. im Sockelbereich regelmäßig für Probleme. Die Verminderung der Schlagregenanfälligkeit durch große Dachüberstände verhindert zusätzlich eine Durchfeuchtung der Fassade. Restbaufeuchte oder Leckagen können nur mit dem Nutzer zusammen und anhand des Baualters als Ursache erkannt werden.

Tipp   *Starken Schimmelpilzbefall kann man in der Regel sehen, schmecken oder riechen – auch als Laie. Muffig, moderig riechende feuchte Luft und ein leicht pelziges Gefühl auf der Zunge können Indizien für einen Schimmelbefall sein. Sind Stockflecken bzw. farbige dunkle Flecken (schwarz, dunkelbraun bis grün) bereits vorhanden, ist es meist zu spät.*

Kann eine Immobilie trotz Schimmelbefalls bedenkenlos gekauft werden? Beachten Sie bei der Hausbesichtigung folgende Zusammenhänge:

- Ein offenes vertrauliches Gespräch mit dem Alteigentümer über dessen Lebensgewohnheiten (Lüftungs- und Heizverhalten, Wäschetrocknung) und eventuelle vorherige Wasserschäden.
- Sichtbare Schäden (Ermittlung der Eindringtiefe, Intensität, Stadium der Entwicklung und Sporenbildung).
- Geruch ohne sichtbaren Befall in Wänden, Decken oder unter dem Teppich.
- Feuchtigkeit ohne sichtbaren Befall (alle feuchten Stellen betrachten), z.B. im Sockelmauerwerk, in Anschlussbereichen im Dach und an den aufgehenden Bauteilen.
- Problemkonstruktionen ohne sichtbaren Befall (Innendämmung, Wärmebrücken, unsachgemäß abgedichtete Bodenplatten, Mauerwerk, Kriechkeller, Flachdächer, verkleidete Kellerwände).
- Gesundheitliche Schäden ohne sichtbaren Befall (nur durch Befragung der Alteigentümer zu ermitteln, abhängig vom Anfälligkeitsrisiko/Immunsystem).

Beseitigung von Schimmelpilzbefall

Ein Schimmelpilzbefall kann nur durch Beseitigung der Ursachen seiner Entstehung bekämpft werden. Schwer zu entdecken sind die verdeckten Schimmelpilzherde hinter Gipsplatten im Dachgeschoss oder Erdgeschoss, hinter Schränken oder Holzpaneelen in Ecken.

Der Schimmelpilz lässt sich nur dann wirksam bekämpfen, wenn der Mangel fachgerecht behoben und/oder das Nutzungsverhalten geändert wird. Das Bauwerk bzw. die Schadstelle muss austrocknen und die befallenen Materialien müssen entsorgt werden! Zusätzlich können Sie die Oberflächen mit einem alkoholhaltigen Reinigungsmittel abwischen. Geeignet für die lokale Behandlung sind z.B. hochprozentiger Alkohol oder konzentrierter Essig (bei Kalkputz nicht geeignet).

Zu diesem Thema ist in derselben Buch-Reihe „Bau-Rat:" ein geeigneter Ratgeber mit dem Titel „Feuchtigkeitsschäden im Haus" von H. Kalcher erschienen.

Hilfsmittel zur Bauschadenanalyse

Es kann von Vorteil sein, sich eine Ausrüstung zur schnellen Prüfung und übersichtlichen Erfassung der gewonnenen Eindrücke zusammenzustellen. Hausbesichtigungen verlaufen oft sehr schnell und hektisch. Ruhige Augenblicke zur Beobachtung und Besprechung sind rar. Die folgenden Hilfsmittel für Ihre persönliche Bauschadenanalyse sollten Sie bei einer genaueren Hausbesichtigung zur Hand haben:

Maßnahme	Benötigte Geräte und Verfahrenstechniken
Dokumentation	Foto-/Videokamera mit Zusatzlicht, Schreibmaterial, Kompass (zur Ausnordung).
Vermessung	Zollstock, Bandmaß, elektronischer Entfernungsmesser.
Dichtigkeitsprüfung	Feuerzeug zur Prüfung des Luftzuges an Türen, Fenstern usw.; Papierstreifen zur Prüfung der Dichtigkeit von Falzen (der Streifen wird eingeklemmt und herausgezogen: Ein hoher Widerstand bedeutet eine hohe Dichtigkeit, ein geringer Widerstand eine geringe Dichtigkeit).
Aufwendige Verfahren mit Spezialhilfsmitteln	Thermografie zur Prüfung des Wärmeverteilungsverhaltens; elektronische Hilfsmittel für Messungen bezüglich Feuchtigkeit, Festigkeitsverhalten oder Schadstoffanalysen (Stoffanteilanalyse).
Chemische Hilfsmittel	Sulfat-, Nitrattests mit Stäbchen, Chloridtests mit Reagenzien, Rauchröhrchen bei Undichtigkeiten, z.B. Zugluft, Indikatorpapier zur Bestimmung der Luftfeuchte, Färbemittel zur Prüfung von Fließverhalten in Mauerwerk oder Leitungen usw.
Kostengünstige technische Hilfsmittel	Baufeuchtigkeits-Messgerät, Schallpegelmessgerät, Luxmeter.

Hausbesichtigung und Bauteilanalyse

Um den qualitativen Bestand eines Gebrauchthauses zu prüfen und zu bewerten, bedarf es einer genauen Untersuchung der einzelnen Bauteile des Hauses. Im Folgenden werden die wichtigsten Bauelemente genannt, auf die Sie bei einer Besichtigung achten sollten.

Fassade

Putz und Mauerwerk der Fassade sind visuell auf Schäden zu untersuchen. Hier können folgende Schadensbilder auftreten:

- Risse und Abplatzungen durch Frost- und Feuchtigkeitseinwirkung.
- Salzausblühungen durch Feuchtigkeit und Verunreinigungen im Mörtel bzw. in den Steinen - ähnliche Schadensbilder können auch durch chemische Reaktionen entstehen.
- Algenbildung, insbesondere bei Vollwärmeschutzsystemen an der Wetterseite bzw. an dauerfeuchten Stellen.
- Verschmutzungen sowie diverse chemische Reaktionen, z.B. Kalkränder oder Algenteppiche, die bei unsachgemäßer Entwässerung entstehen, fehlerhafte Wasserabweisung auf Mauerkronen, Fensterbänken, Zierverbänden, an Mauerwerk, Gesimsen usw.
- Risse und Verformungen durch ungewollte Setzungen, falsche Lasteinleitung, Überlastung usw.

Fachwerkfassaden wiederum weisen andere Schadensbilder auf:

- Gerissene Fugenanschlüsse zu den tragenden Holzteilen hin.
- Schäden an den Gefachen.
- Schädlingsbefall an tragenden Holzbauteilen.
- Feuchtigkeitsschäden an der tragenden Konstruktion aufgrund mangelhafter Abdichtung zum Untergrund oder defekter Wasserableitung.

Vorgehängte Fassaden im Sandwichaufbau, hinterlüftet oder nicht, weisen je nach Beschichtungsmaterial verschiedene Schadensbilder auf und sind nach anderen Anforderungen zu kontrollieren.

Die unterschiedliche Lebensdauer der Materialien und deren jeweilige dauerhafte Belastbarkeit spielen bei der Einhaltung der notwendigen bauphysikalischen Anforderungen eine große Rolle. Ziegelvormauerwerk hält länger als 80 Jahre, Faserzementplatten hingegen nur 30 bis 50 Jahre. Wenn noch andere Schadensursachen eine Rolle spielen, so reagieren die Materialien unterschiedlich. Wichtig ist zu prüfen, ob eine Hinterlüftung gewährleistet ist und Lüftungsquerschnitte voll nutzbar sind. Kontrollieren Sie ebenfalls die Oberflächenstruktur der Materialien bezüglich ihrer Unversehrtheit. Zudem sind die konstruktiven Auflager und Aufhängungen der Vorhangfassade hinsichtlich Korrosion und Rissbildung zu überprüfen.

Sperrschichten und Sockelbereich

Der Sockel bildet den unteren Abschluss des Erdgeschosses, in der Regel ist er erdberührend und damit Witterung und mechanischen Belastungen ausgesetzt. Innerhalb des Sockelmauerwerks liegen die Horizontalsperren gegen aufsteigende Feuchtigkeit, die je nach Ausführung mit oder ohne Keller angeordnet sind. Das Problem ist, dass sie nicht sichtbar sind.

Schlüsse auf eine fehlende Horizontalabdichtung lassen sich nur aufgrund von bereits vorhandenen Feuchtigkeitsschäden und des Baualters schließen. Diese bituminösen Sperrschichten finden sich in Gebäuden ab 1870, leider wurden sie damals und heute oftmals vergessen oder verkehrt ausgeführt. Bituminöse Abdichtungen unterliegen einem natürlichen Verschleiß, sodass ältere Sperrschichten oftmals nicht mehr wirksam sind.

Ein weiterer Schutzfaktor vor Feuchtigkeit ist die vertikale Ausführung des Sockelbereiches. Er ist wasserabweisend mit Sperrputzen oder mit einer anderen ausreichenden Beschichtung auszuführen. Die Sockelhöhe sollte etwa 30 cm über der Geländeoberkante liegen. Zusätzlich ist ein Streifen mit einem Gefälle vom Haus weg, z.B. mit Kieseln, auszuführen (Spritzwasserschutz).

Die konstruktive Ausführung des Sockelbereiches bildet oft eine Wärmebrücke, weil hier die Deckenbalken/Platten auf dem Mauerwerk aufliegen und der Wandquerschnitt in diesem Bereich verringert ist. Erst ab 1980 wurde mittels eingelegter Dämmstreifen in der Randschalung, bzw. im Ringanker bei Betondecken, ein neuer Standard eingeführt. Im Sockelbereich ist bei hinterlüfteten vorgehängten (Holz/Platten) oder vorgesetzten Fassaden (Verblendung) die Hinterlüftungsfunktion zu prüfen.

Sperrschichten bei unterkellerten Objekten

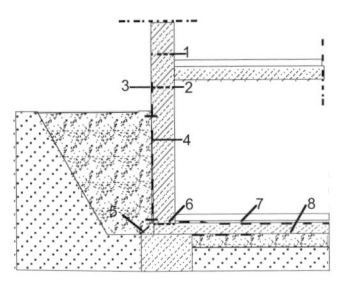

1. Horizontale Sperrschicht oberhalb des Deckenauflagers.
2. Horizontale Sperrschicht unterhalb des Deckenauflagers und als Sockelabschluss.
3. Vertikale Sperrschicht als Sockelschutz, 30 cm über Erdreich ausgeführt, Gefälle vom Haus weg.
4. Vertikale Sperrschicht (Dickbeschichtung).
5. Kehlenausbildung am Fußpunkt mit heruntergezogener Sperrschicht.
6. Horizontale Sperrschicht unter Kellerwand.
7. Horizontale Sperre auf Betonsohle.
8. Sperre unter Sohle (PE-Folie).

Abb. 8: Sperrschichten und Sockeldetail (Biehlig)

Wände, Stützen und Träger im Innenbereich

Die Wände im Innenbereich können entweder tragend oder nichttragend ausgebildet sein. Tragende Wände sollen die Last aus der Decke und/oder dem darüber liegenden Mauerwerk aufnehmen. Zusätzlich erfüllen sie in der Regel auch eine aussteifende Funktion.

Tragende Innenwände sind massiv gemauert und wurden früher mit einer Stärke von ca. 24 cm, zuzüglich Putz, ausgeführt. Seit etwa 1980/90 werden auch 17,5 cm starke Wände als tragende Wände ausgeführt. Nachträgliche Durchbrüche, größer als eine normale Innentür oder die Entfernung einer solchen Wand, bedeuten einen schweren Eingriff in das statische Gesamtgefüge eines Objektes!

Eine Alternative zu den tragenden Wänden bilden die so genannten Träger. Es wird zwischen Über- und Unterzug sowie deckengleichen Trägern unterschieden. Die Ausführung ist sowohl in Holzbalkendecken als auch in Stahlbetondecken möglich. Bei Stahlbetondecken wird ein entsprechender Bewehrungsverbund hergestellt.

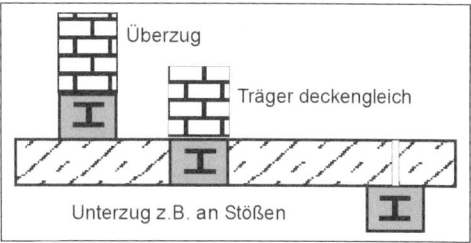

Abb. 9: Stützen und Träger (Biehlig)

Die Ausführung der Träger ist abhängig vom verwendeten Deckenbaumaterial, z.B. Holz, Stahl oder Beton.

Alle tragenden Wände sind zu untersuchen auf Risse durch unplanmäßige Last-einleitung, Setzungen aus verminderter Tragfähigkeit der Fundamente (wenn ohne Keller) und Beulungen aus Überlastung. Träger und Stützen sind, sofern nicht ver-deckt liegend, auf Durchbiegung und Verschleiß zu überprüfen. Bei einer Beklei-dung (Beschichtung o.ä.) können eventuelle Verformungen, Abplatzungen oder Risse Anhaltspunkte für mögliche Probleme liefern.

Außenwände

Die Außenwände im Innenbereich sind auf folgende Mängel zu untersuchen:

* Bauphysikalische Mängel (Schallschutz, Feuchtigkeit, konstruktive Wärme-brücken).
* Verminderte/gestörte Tragfähigkeit (angezeigt durch Verformungen und Risse).
* Durchfeuchtung (Steine an Außenwänden mit Abplatzungen, Putzrisse, chemi-sche Reaktionen). Die Ursache dafür ist Wasser, das z.B. aufgrund von Frost-schäden schneller eindringen kann und gefriert. Im Sommer können an feuchten Stellen Schimmelpilze entstehen.
* Geometrische Wärmebrücken (in Ecken) oder konstruktive Wärmebrücken (an allen Auflagern).
* Tauwasser/Kondenswasser im Wohnungsinnern durch unzureichende Be- und Entlüftung oder raumseitiger Diffusionsdichtenbeschichtung (innenliegende Bä-der oder Küchen).
* Die häufigste Ursache von Schimmelbildung ist eine mangelhafte Lüftung oder eine defekte Zwangsbelüftung/Ventilation.

Keller

Erdberührende Bauteile und extreme Beanspruchungen lassen den Keller zum Bauschadenindikator werden. Eine visuelle Kontrolle der Kellerräume ist unbedingt vorzunehmen: Denn ist der Keller mängelbehaftet, dann wirkt sich das in der Regel auch auf die darüber liegenden Stockwerke aus!

Im Keller liegen bzw. verlaufen die Installationen häufig offen sichtbar. Hier muss der Zustand der technischen Einbauten zur Ver- und Entsorgung des Hauses auf Alter, Verschleiß, Qualität und Schäden untersucht werden. Sämtliche lastenaufnehmende Bauteile sind auf Verformungen, Risse und Abplatzungen zu überprüfen.

Der Feuchtigkeitshaushalt sollte im Keller möglichst ausgeglichen sein, deshalb müssen alle erdberührenden Bauteile kontrolliert werden (siehe Abbildung 9). Feuchte Zonen entstehen durch Wasser, das von außen durch defekte Schutzbeschichtungen an Wänden oder der Sohle diffundiert.

Eine Bitumendickbeschichtung der Außenwand, horizontale Sperrschichten im Mauerwerk, Drainagen, Sperrfolien an der Sohle und weitere Maßnahmen dienen dem Schutz vor eindringendem Wasser. Leider sind diese Maßnahmen häufig mangelhaft ausgeführt oder aufgrund von Alter bzw. Verschleiß defekt. Die durchzuführenden Maßnahmen sind abhängig von der jeweiligen Beanspruchung: Drückendes oder nichtdrückendes Wasser, Bodenbeschaffenheit (Stauwassergefahr) oder anfallendes Tauwasser aufgrund anderer Maßnahmen (z.B. fehlerhafter Durchlüftung).

Der Keller ist auf seine Gebrauchstauglichkeit anhand der Raumgrößen und Höhen zu überprüfen. Er kann als Waschküche, Lagerraum, Werkraum, Hobbyraum oder Gästezimmer genutzt werden. Wenn das zu besichtigende Objekt eine Souterrainwohnung enthält, so ist diese auf ihre baurechtliche Genehmigungsfähigkeit zu überprüfen.

Fenster

Fenster müssen den geltenden Anforderungen an den Schall-, Wärme- und Feuchtigkeitsschutz entsprechen. Sofern sie nicht sowieso auszutauschen sind, sollten sie auch den eigenen Vorstellungen bzw. Anforderungen des Käufers an Optik (z.B. Teilung des Glases, Einbaulage in der Wand, Ausführungsqualität und Material), an Gebrauchstauglichkeit, Belichtungsgrad (Verhältnis Fenstergröße zur Raumgröße, gemäß Landesbauordnung) sowie Lage im Raum weitgehend entsprechen.

Die Dichte der Anschlussfugen zum Bauwerk und zum Fensterrahmen können Sie mit Hilfe eines Feuerzeuges oder einer Kerze auf Zuglufterscheinungen testen. Der

Zustand der Dichtungsbänder im Rahmen und eventuell vorhandener Schimmel bzw. Feuchtigkeit in den Dichtungsebenen oder Anschlussfugen, sind Indizien für eine mangelhafte Dichtigkeit. Früher wurden der k-Wert (heute u-Wert) der Verglasung und der Schallschutzfaktor häufig an der Innenseite der Scheibe im Luftzwischenraum eingeprägt. Grundsätzlich gilt für den u- und den k-Wert: Je niedriger desto besser. Beim Schallschutzfaktor ist es genau umgekehrt: Je höher desto besser.

Bei Fenstern ist auch deren Flügelgröße zu beachten. Bei kleinen Flügeln, bis ca. 1 – 1,5 m², kann bei intaktem Getriebe, bei unversehrten Rahmen, Flügeln und Beschlägen auch nur das Glas ausgetauscht werden. Dies ist bei Holz- und Kunststofffenstern möglich.

Die Oberflächenbeschaffenheit der Rahmen und Füllungen ist auf Risse, Dellen und Korrosion zu überprüfen. Achten Sie bei Holzfenstern auf Verbindungen und die Oberflächenstruktur bzw. auf den Schutzanstrich, bei Kunststofffenstern auf Verformungen und Porosität des Materials.

Die Gangbarkeit von Getrieben und Schließmechanismen der Fenster und Türen muss gewährleistet sein. Prüfen Sie die Qualität der Scheiben auf Verarbeitungsfehler oder Gebrauchsspuren. Kratzer, Blasen, Wellen oder schlechte Lichtdurchlässigkeit können störend wirken. Ein Ziehen am Flügel des geschlossenen Fensters (so kann der Winddruck simuliert werden), kann Aufschluss über die Dichtigkeit geben.

Kunststofffenster (30–35 Jahre alt) sind in der Regel zu ersetzen. Gepflegte hochwertige Holzfenster haben, je nach Holzart, eine längere Lebensdauer. Wer den Austausch der alten Fenster einplant, gewinnt an Wohnqualität. Fenster können im bewohnten Zustand erneuert werden, bei Gewährleistung baugleicher Typen kann sogar ein zeitlich versetzter Einbau stattfinden.   **Tipp**

Schornstein

Bei Verbrennungen in der Heizungsanlage oder am offenen Feuer entstehen Abgase. Der Sinn eines Schornsteins ist es die entstehenden Abgase sicher nach außen zu führen. Der verwendete Brennstoff muss der Konstruktion des Schornsteins (Abgasleitung) entsprechen.

Die Abnahme des Schornsteins und auch einzelner Bauteile bei Neubau oder Umbau der gesamten Abgasanlage, erfolgt durch den Bezirks-Schornsteinfegermeister. Eine entsprechende Bescheinigung ist zur Einsicht und für die eigenen Unterlagen zu verlangen.

Je nach Feuerungsart und verwendeter Materialien können Schornsteine einfach oder mehrfach belegt werden. Dafür gibt es ein- oder mehrzugige Schornsteine. Eine Überprüfung der Belegung ist vorzunehmen, denn eine gemischte Belegung, z.B. mit einer Gasbrennwerttherme und einem Holzofen an einem Zug, ist nicht zulässig. Hausschornsteine enden immer im freien Luftstrom, deshalb sind die Abgasleitungen über das Dach zu führen.

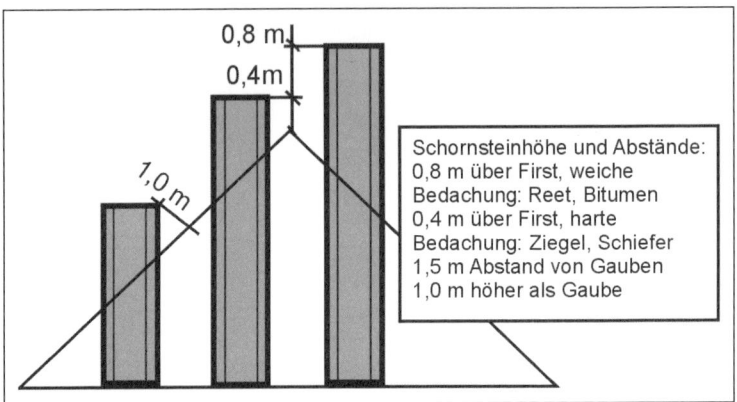

Abb. 10: Schornsteinführung (Biehlig)

Die Behinderung durch Dachaufbauten sollte vermieden werden. Durch fehlgeleitete Abgase kann es in dicht bebauten Gebieten zu Belästigungen und erheblichen Abzugsproblemen kommen.

Entsprechend der Feuerungsart wird unterschieden zwischen:

- Herkömmlichen Schornsteinen.
- Abgasführungen mit Abgasrohren über Dach.
- Luft-Abgas-Schornsteinen (LAS).
- Abgasleitungen für Abgase mit niedrigen Temperaturen.

Schadensbilder am Schornstein

Schäden am Schornstein entstehen durch eine gestörte Abgasführung. Sie können bei veränderter Abgastemperatur aufgrund von Änderungen an der Heizungsanlage oder der Nutzung eines anderen Brennstoffes eintreten.

Schäden an der Dachhaut entstehen durch die chemische Zusammensetzung der Abgase und einer nicht eingehaltenen Mindesthöhe des Schornsteines über der Dachhaut. Häufig betroffen sind hiervon Blecheindeckungen, die unter diesen Voraussetzungen mit einem sauren Kondensat reagieren. Diese so genannte Versottung (Durchfeuchtung/Fleckenbildung) eines Schornsteines entsteht durch eine zu niedrige Abgastemperatur und Kondensation innerhalb des Abgasrohres. Für Niedertemperaturbrenner oder eine Brennwerttechnik ist deshalb ein gedämmtes 2-schaliges Abgasrohr vorzusehen.

Eine weitere Ursache für Versottung kann auch eine Nichteinhaltung der wirksamen Schornsteinhöhe (das Maß ab Einleitung bis Austrittsöffnung) sein. Eine wirksame Schornsteinhöhe muss bei einfach belegten Schornsteinen mindestens 4 m betragen. Bei Verbrennungsgeräten mit Gebläse ist eine Reduktion auf 2 m zulässig.

Langfristige Versottungsschäden entstehen aufgrund von Zugstörungen (Sog, Stau oder Rückstrom der Abgase). Bei Öfen macht sich dieser Effekt bei Inversionswetterlagen bemerkbar. Der Ofen zieht schlecht und Abgase dringen in den Raum ein. So ist ein durchgehend sauberer Abbrand bis zur Erwärmung des Schornsteinzuges nicht gewährleistet. Bei Gasbrenngeräten gibt es eine Strömungssicherung, die automatisch nach ca. zwei Minuten das Gerät abschaltet und so verhindert, dass Abgase in den Raum gelangen.

Versottungsschäden können nur bei Einhaltung aller Regeln langfristig wirksam verhindert werden. Alte Schornsteine, an denen lange Zeit Öfen oder Kamine betrieben wurden, sind auf Beschädigungen wie Risse, Abplatzungen und Festigkeit zu prüfen. Die Dachanschlüsse am Schornstein sind ebenfalls zu kontrollieren.

Die meisten Bauschäden finden sich an umgenutzten Schornsteinen für die früher **Tipp**
übliche Ofenheizung. Verbrannt wurden damals alle möglichen Brennstoffe, unabhängig von deren Qualität. Das Mauerwerk und der Mörtel sind oft entsprechend stark vorbelastet - zu erkennen auch durch eine säurehaltige, klebrige Rußschicht. In diese vorbelasteten Schornsteinzüge wurden dann, bei Einbau einer Zentralheizung, neue Schamott- oder Tonrohre eingezogen. Wenn das Objekt eine neue Heizungsanlage benötigt, legen Sie den alten Schornsteinzug still, häufig ist eine Sanierung aufwändiger als deren Neuanlage.

Balkon

Balkone können als vorgestellte, selbsttragende Konstruktionen oder mittels einer Betonplatte oder Holzbalken, die als Kragarm eingespannt im Mauerwerk verankert sind, konstruiert werden. Bei allen vor die Fassade gestellten Balkonkonstruktionen sind alle tragenden Elemente – je nach Material – entweder auf Korrosion oder auf Fäulnis zu überprüfen. Schwieriger zu untersuchen sind die mit dem Mauerwerk verbundenen Kragplatten aus Beton. Die thermische Trennung von Innen- und Außenbauteilen bei einem konstruktiven Verbund ist eine häufige Ursache für Feuchtigkeitsschäden im darunter liegenden Innenbereich. Die heute übliche thermische Trennung erfolgte erst bei Bauten ab etwa 1980. Die Fußpunkte der Balkonkonstruktion müssen daher sehr eingehend untersucht werden!

Achten Sie auch bei Dachterrassen und Erkern auf mögliche Schäden. Diese sind bei vor 1970 gebauten Objekten häufig mangelhaft ausgeführt und mittlerweile sanierungsbedürftig! Ebenso müssen unterwohnte Dachterrassen und Erker von Objekten jüngeren Datums geprüft werden: Diese sind ein häufig anzutreffender Schwerpunkt für Bauschäden! Falsch ausgeführte Dämmschichten, mangelhafte Abdichtungen, fehlende Dampfdruck-Ausgleichsschichten, kein Gefälle und unsachgemäße Entwässerung sind hier die am häufigsten auftretenden Schäden.

Ähnlich verhält es sich mit überwohnten Loggien. Beachten Sie hier die außenangebrachte Dämmung, die – möglichst um die Ecke herum – an die Anschlusspunkte zum darüber liegenden Geschoss führen soll.

Tipp   *Die Abdichtung sollte am Fußpunkt (Sockel) ca. 15 – 30 cm hoch und flexibel ausgeführt sein. Wenn keine Entwässerungsrinne vor der Terrassentür vorhanden ist, muss eine Schwelle eingezogen werden, um das Eindringen von Wasser zu verhindern. Dieser Punkt ist unbedingt zu beachten, wenn neue Fenster und Türen geplant sind! Tragende Teile sind auf Korrosion, Abplatzungen und Risse hin zu überprüfen, offenliegende Armierungseisen bei Betonkragplatten müssen unverzüglich saniert werden.*

Heizungs- und Warmwasseranlage

Die Heizungs- und Warmwasseranlage bedarf einer sorgfältigen Prüfung. Hier verstecken sich häufig Schäden und Tücken, die dazu führen können, dass entweder eine größere Reparatur oder – im schlimmsten Fall – ein kompletter Ausbau notwendig werden!

Bei der Warmwasserbereitung unterscheidet man zwischen Durchlauferhitzern und Standspeichern. Durchlauferhitzer werden als Kombigeräte – so genannte Gas-Kombi-Wasserheizer – angeboten, die sowohl Heizen als auch Trinkwasser erwärmen können. Die Regelung erfolgt über eine Vorrangschaltung für die Warmwasserversorgung.

Prüfen Sie die Qualität der Warmwassererzeugung durch eigenes Ausprobieren. Zu lange Vorlaufzeiten und lauwarmes bzw. zu heißes, schlecht regulierbares Warmwasser deuten auf mögliche Probleme hin. Von Vorteil sind Standspeicher, da diese eine sofortige Bereitstellung von Warmwasser sicherstellen. Eine digitale oder analoge Steuerung sorgt für einen niedrigen Verbrauch. Empfehlenswert für eine vierköpfige Familie sind Behälter mit 90 bis 120 Liter Nutzinhalt.

Neue Systeme basieren auf einem Wärmetausch der über Solarkollektoren, Erdwärme oder durch die Abluft - bei kontrollierter Be- und Entlüftung - das Wasser erwärmt. Strombetriebene Durchlauferhitzer können in untergeordneten Nebenräumen, z.B. in der Waschküche oder dem Gäste-WC, eine sinnvolle Alternative sein. Normalerweise ist deren Betrieb ausschließlich mit Strom aus Kostengründen jedoch nicht zu empfehlen.

Überprüfung der Heizung:

- Protokolle des Schornsteinfegers einsehen (hier sind die Abgaswerte, Leistungen, Wartungsarbeiten und fälligen Sanierungsmaßnahmen aufgeführt).
- Sichtkontrolle sämtlicher Leitungen und Armaturen.
- Bewertung der Gebrauchstauglichkeit sowie der technischen Werte und Leistungen, z.B. der Pumpen und Armaturen.
- Dichtigkeit und Korrosion sämtlicher Leitungen untersuchen.
- Wärmedämmeigenschaften des Speichers und Brennraums prüfen.
- Unterlagen der TÜV-Ergebnisse von Erdtanks für Öl (diese werden alle fünf Jahre gewartet) einsehen.
- Thermo-Regelung und gleichmäßige Heizkörpererwärmung testen.
- Leitungsgeräusche kontrollieren. Diese werden meistens von Luftsäcken in der Installation verursacht. Sie entstehen an Leitungskreuzungen und Knicken bzw. Höhenvorsprüngen in der horizontalen Verlegrichtung. Defekte Thermostatventile oder zu viel Luft können ebenfalls die Ursache sein, sodass ein hydraulischer Abgleich durch Befüllen und Entlüften nötig ist.

Sanitärinstallation

Bei Sanitärinstallationen besteht immer die Gefahr der Undichtigkeit, des Schimmelbefalls und des Verschleißes. Beachten Sie bei der Überprüfung deshalb folgende Punkte:

- Die Versiegelung der Anschlussfugen von Sanitärobjekten zur Wand ist auf Schimmelbefall und Feuchtigkeitsdurchlässigkeit zu überprüfen. Die Benutzung von Bade- oder Duschwannen ohne Silikonfugen an den Anschlüssen zur aufgehenden Wand kann langfristig zu Durchfeuchtungsschäden und Schimmel führen.
- Alle Dichtungen der Sanitärobjekte und der Anschlussrohre des Abwassers sind auf Ablagerungen und Dichtigkeit zu untersuchen.

- Die Beschichtung der Sanitärobjekte ist hinsichtlich einer intakten Oberfläche zu prüfen.
- Bei Armaturen ist auf Alter, Verschleiß und Funktionalität zu achten (Gebrauchstauglichkeit).
- Duschtassen und Badewannen sollen mit einer dämmenden Halterung ausgeführt sein, um vorzeitigem Erkalten des Wassers vorzubeugen.

Rohrleitungssystem

Das Rohrleitungssystem ist ein besonders wichtiges, aber auch empfindliches Leitungssystem des Hauses. Die Warm- und Kaltwasserversorgung sowie die Heizungsrohre (Vor- und Rücklauf) sind bei jeder ernsthafter werdenden Objektbesichtigung sehr sorgfältig zu untersuchen!

Ein häufiges Problem bei der visuellen Kontrolle ist, dass die Leitungen im Unterputz, in Schächten oder im Estrich installiert sind. Eine Aufputzinstallation findet sich häufig im Keller, an den Anschlüssen zur Armatur, zum Heizkörper oder bei nachträglich sanierten Objekten. Die Leitungen bestehen in der Regel aus Kupfer oder verzinktem Stahl in verschiedenen Querschnitten.

Achtung Bleileitungen!

Der Bau von Trinkwasserleitungen aus Blei wurde bereits 1962 untersagt. Aber erst 1973 wurde endgültig festgelegt, dass die Verwendung von Bleirohren gesundheitlich bedenklich ist. Viele Bleileitungen existieren immer noch in Ostdeutschland, einschließlich Berlin, aber auch noch in den Gebieten Flensburg, Kiel, Bremen und Bonn. Bleirohre haben eine graue Farbe, die Oberfläche lässt sich leicht einritzen und beim Beklopfen der Leitung erzeugen sie einen dumpfen Klang. Bleileitungen erkennt man auch an den weichen Bögen und wulstigen Verbindungen.

Bleihaltige Verunreinigungen können unter bestimmten Umständen sogar in verzinkten Stahlrohren auftreten, wenn deren Verzinkung bleihaltige Verunreinigungen enthalten sollte. Auch Messingarmaturen können in seltenen Fällen betroffen sein.

Tipp *Ob die Trinkwasserhauptversorgung, also die Hausanschlussleitung, aus Blei besteht, kann nur das zuständige Wasserversorgungsunternehmen (WVU) bestätigen. Wenn Sie Zweifel haben, erfragen Sie, wann und wie der Anschluss gemacht wurde. Dieser muss in aller Regel kostenfrei ausgetauscht werden. Für die Installation innerhalb des Hauses ist der Eigentümer zuständig. Einige Versorger gewähren Zuschüsse, andere zinsgünstige Darlehen bei einer Umstellung des Hausnetzes.*

Flächenkorrosion und Lochfraß

Die Wasserqualität und das Material der Rohrleitung haben erheblichen Einfluss auf deren Haltbarkeit. Probleme entstehen durch die Verwendung verschiedener Materialien innerhalb des Rohrleitungssystems. Zum Beispiel die so genannte Ionenwanderung und die auch damit verbundene Gefahr von vorzeitiger Korrosion. Ein Materialgemisch innerhalb des Rohrnetzes findet sich häufig in Häusern, die älter als 40–50 Jahre sind.

Die Langlebigkeit der häufig verwendeten Werkstoffe (erst verzinkte Stahlrohre, dann Kupfer) ist abhängig von der Wasserqualität, dem pH-Wert und dem Härtegrad (Kalkgehalt). Rohre und Fittings aus Kupfer dürfen nur eingesetzt werden, wenn beim gelieferten Trinkwasser der pH-Wert bei 7,4 oder höher liegt. Oder für den Fall, dass der pH-Wert zwischen 7,0 und 7,4 liegt, wenn die Gesamtmenge an organischem Kohlenstoff im Trinkwasser (TOC) nicht höher ist als 1,5 mg/l.

Fragen Sie beim zuständigen Wasserversorgungsunternehmen nach der Qualität **Tipp**
des Trinkwassers. Lassen Sie im Zweifelsfall eine Untersuchung vornehmen oder befragen Sie zumindest einen ortskundigen Fachmann. Der Komplettaustausch des Rohrsystems ist sehr aufwändig und sollte vor dem Kauf einer Gebrauchtimmobile gut bedacht sein!

Anforderungen an Schmutz- und Regenwassersysteme

Die Anforderungen an Abwasser und Regenwasser sind gesondert zu betrachten. Eine strikte bauliche Trennung zum Frischwasserbereich ist auf jeden Fall vorzusehen. Unterschieden wird zwischen Misch- oder Trennkanalisation für Abwasser und Regenwasser.

Gegebenfalls ist hier Rücksprache mit den Behörden zu nehmen, ob ein Trenn- oder Mischsystem vorliegt. Wenn die Kanalisation später ausgebaut werden sollte und eine Trennung vorgeschrieben wird, müssen neben der Kostenbeteiligung der Anwohner (Rechnung durch die Stadt bzw. Gemeinde) auch noch die Kosten für den Umbau im eigenen Haus getragen werden!

Eine Trennkanalisation ist in den meisten Städten und Gemeinden Standard. Für das Objekt ist eine strikte Trennung von Frisch- und Brauchwasser bei der Einleitung und Ableitung vorzunehmen. Bei der Entwässerung sind – eventuell aufgrund der Rückstauebene – weitere Maßnahmen nötig, wie z.B. Hebeanlagen bei Toiletten im Keller oder Rückstauklappen. Sie sollen das Schlimmste verhindern, fehlen aber noch in vielen Altbauten.

Jeder Abwasserrohrstrang muss entlüftet werden – so entlüftet die Stadt ihre Kanalisation gleich mit! Aufgrund möglicher Geruchsbelästigungen ist die Entlüftungsmöglichkeit 1 m über dem Fenstersturz oder mindestens 2 m seitlich von Öffnungen, wie Dachflächenfenstern, anzuordnen. Alle Leitungen müssen leer laufen können, das Gefälle sollte 2 – 5 % betragen. Bei größeren Höhenunterschieden sind Abstürze mit Revisionsöffnung vorzusehen.

Einzelanschlussleitungen für WCs dürfen horizontal nicht länger als 5 m verlaufen. Die Fließrichtung muss immer beachtet werden, und Übergänge von großen nach kleinen Rohrdurchmessern sind verboten. Anschlussstücke sind entsprechend der Fließrichtung zu verlegen. Führen Sie den Werkstoffwechsel mit geeignetem Material durch.

Für die Entwässerung von Objekten sollten folgende Normgrößen verwendet werden (DN=Nennweite für das Anschlussmaß von Rohren, Armaturen und Bauteilen):
- Handwaschbecken DN 40.
- Küchenablauf (Spüle, Geschirrspüler) DN 50.
- Waschmaschine DN 70.
- Urinal DN 50, Bodenabläufe DN 50.
- WC DN 100.
- Badewanne und Brause DN 50.

Diese Werte gelten für Ein- oder Zweifamilienhäuser. Sie sind abhängig von den eingeleiteten Abwassereinheiten und werden bei entsprechender Mehrbelastung vergrößert.

Tipp   *Erkundigen Sie sich beim zuständigen Entsorgungsunternehmen (Zweckverband), ob ein Trenn- oder Mischsystem vorliegt oder geplant ist und vergleichen Sie es mit dem Bestand. Nach dem neuen Wasserhaushaltsgesetz wird eine Überprüfung aller Abwasserrohre auf dem Grundstück gefordert. Die Umsetzung erfolgt durch zertifizierte Unternehmen und beinhaltet eine Dichtigkeitsprüfung und Bescheinigung (sie ist bis 2015 durchzuführen!). Umstritten ist der Passus, dass alle Leitungen, die vor 1965 verlegt wurden, auszutauschen sind, weil der Gesetzgeber lediglich sagt, dass die Rohre dem „Stand der Technik" entsprechen müssen.*

Elektroinstallation

Die elektrische Ausstattung ist abhängig vom Alter des Hauses. Die Absicherung, Verkabelung, die elektrischen Sonderausstattungen sowie Steckdosen und Taster sind getrennt voneinander zu überprüfen. Für alle Räume ist ein Anforderungsprofil zu erstellen, in dem ersichtlich ist, wie viele Steckdosen und welche Schaltung benötigt werden.

Abhängig von der Raumnutzung ist die Art der Absicherung, die im Sicherungskasten vorzufinden ist. Die häufigsten Absicherungen im Wohnungsbau haben 10 (rot), 16 (grau) und 20 (blau) Ampere. Die Farben entsprechen der Zuordnung bei Schmelzsicherungen, bei modernen Sicherungen ist die Amperezahl aufgedruckt.

Die Berechnung der Leistungsgrenze von Sicherungen lässt sich wie folgt durchführen: Volt x Ampere = Watt.   **Tipp**

Der Nennstrom der Sicherung (16 Ampere) wird mit der Spannung von 230 Volt multipliziert. Eine 16 Ampere-Absicherung hat demnach eine Leistungsgrenze von 3.680 Watt. Die Leistungsgrenze ist erreicht, wenn zu viele elektrische Verbraucher gleichzeitig betrieben werden, z.B. drei Staubsauger mit je 1.400 Watt.

Alle Steckdosen in Bädern, Küchen und im Außenbereich sollten über einen FI-Schalter (Fehlerstrom-Schutzschalter) abgesichert sein. Aber Herd, Waschmaschine und Geschirrspülmaschine müssen jeweils einzeln gesichert sein!

Überprüfen Sie die Kabelführung und Kabelarten (altersbedingt), ggf. ist die Schaltungsart zu testen. Kabel sollten feuchtraumgeeignet sein und über den notwendigen Querschnitt verfügen. Kabelkanäle, Sicherungskästen, Verteilerkästen, Hausanschluss, Klingelanlagen und sonstige elektrische Anlagen sind zu kontrollieren und hinsichtlich ihres Alters zu schätzen. Elektroinstallationen vor 1972 entsprechen in der Regel nicht mehr den heutigen Vorschriften!

Elektroinstallation in Gebäuden	
Standardinstallation im Wohnbereich	Standardinstallation im Nassbereich
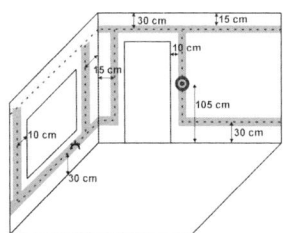	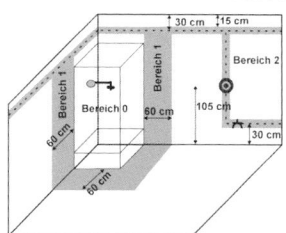
Die Verlegung der Kabel erfolgt normalerweise 30 cm über dem Fußboden. Hier befinden sich auch die Steckdosen. Kabel direkt in Ecken oder neben Öffnungen sind nicht erlaubt.	Im Bereich 1 und 0 ist keine Installation erlaubt. In den Bereichen 2 und 3 nur mit zusätzlicher Absicherung, durch einen Fehlerschutzschalter (FI) und spezielle Feuchtraumdosen.

Abb. 11: Elektroinstallation (Biehlig)

Dachstuhl

Der Dachstuhl ist ein tragendes Element und muss als solches entsprechend über-prüft werden. Fast unbedenklich sind Häuser ab dem Baujahr 1900. Davor wurde fast immer, dem damaligen Stand der Technik entsprechend, unbehandeltes Holz verbaut und eventuell noch gekalkt. Schäden an den Sparren bzw. an den Fußpunk-ten treten auf, wenn Mängel in der Dachhaut bestehen oder eine unfachmännische Sanierung bzw. Modernisierung stattfand. Ein Indiz für Schäden am Dachstuhl sind beispielsweise verzogene, in sich schiefe Dächer.

Sparrenfußpunkte oder Schwellen können je nach Art des verwendeten Holzes (Na-del oder Laubbaum) geschädigt sein. Alter, Schädlingsbefall oder Holzfäule auf-grund von Feuchtigkeit sind meistens die Ursache. Bei nachträglich ausgebauten Dächern besteht die Gefahr, dass der Sparren für die zusätzliche Last nicht ausgelegt ist. Leider sind die meisten Dachstühle nicht sichtbar, da von außen eine Dachein-deckung und von innen eine entsprechende Beplankung stattgefunden hat.

Tipp *Überprüfen Sie Spitzboden und Abseiten genau nach frischen Spuren von Schäd-lingsbefall (Holzmehl, Einfluglöcher) und Feuchtigkeit. Testen Sie die Festigkeit des Sparrens und sonstiger Holzbauteile an mehreren Stellen.*

Dachaufbau

Abhängig vom physikalischen Aufbau des Daches wird zwischen Kalt- und Warm-dach unterschieden:

Bei einem Kaltdach befindet sich unter der Dacheindeckung eine Hinterlüftungs-ebene. Die Dämmung wird durch eine Unterspannbahn geschützt. Eventuell ein-dringende Feuchtigkeit kann so heraustransportiert werden.

Bei einem Warmdach findet keine Hinterlüftung statt und die Dämmung wird bis an die Schalung geführt. Der Aufbau von Pappdächern oder verblechten Dachteilen ent-spricht häufig dem des Warmdaches. Eine Ziegeldeckung ist in der Regel als Kalt-dach ausgeführt.

Bauphysikalische Unterscheidungsmerkmale von Dächern

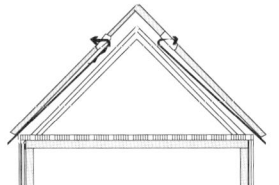 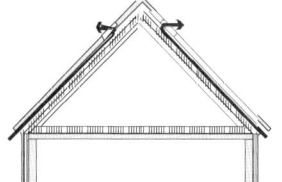 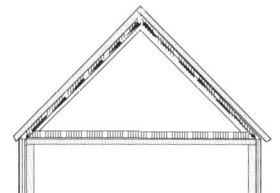

Kaltdach, weil es hinterlüftet, aber nicht ausgebaut ist. Der Dachraum ist belüftet. Die Dämmebene liegt in den darunter liegenden Räumen und auf der Decke.	**Kaltdach,** weil es hinterlüftet und der Dachraum ausgebaut ist. Die Dämmebene umgibt die Räume vollständig.	**Warmdach,** weil es nicht hinterlüftet ist. Der Dachraum ist ausgebaut und mit vollständiger Dämmung des darunter liegenden Raumes in sich geschlossen.

Abb. 12: Bauphysikalische Eigenschaften von Dachausbauten (Biehlig)

Einen modernen Dachaufbau in einem Altbau zu integrieren, ist bautechnisch nicht immer einfach durchzuführen. Die heute nicht mehr wegzudenkende Unterspannbahn wurde erst ab 1970 verwendet. Der korrekte Einbau ist nur bei einer kompletten Umdeckung sowie einer neuen Lattung möglich.

Abhängig vom Alter des Objektes bzw. dem Zeitpunkt der Ausführung der Arbeiten sind die Dämmstärke, Dämmart und der so genannte u-Wert (früher k-Wert) der Dämmung. Mineralwolle wird zur Dämmung am häufigsten verwendet. Der k-Wert sank von 0,06 bis auf 0,035. Standard der letzten 15 Jahre ist ein k-Wert von 0,04, wobei zwischen 8–20 cm Dämmstärke möglich sind. Heute werden 20 cm Dämmung mit einem k-Wert von 0,035 empfohlen, die Mindestanforderung liegt bei 14 cm mit einem k-Wert von 0,035.

Bei der Dämmung wird zwischen kaschierter (mit Alufolie beschichtet) und unkaschierter Dämmung unterschieden. Die kaschierte Dämmung sollte die heute übliche Dampfsperrfolie ersetzen. Die Luftdichtigkeit ist vor Ort bei einer Begehung schwer zu klären. Bei neueren Objekten ab 1990 wurde über einen Blower-Door-Test die Luftdichtigkeit nachgewiesen. Bei älteren Objekten besteht die Gefahr, dass bei nicht korrekt ausgeführten Arbeiten Schimmelbildung aufgrund von eindringender Feuchtigkeit entsteht. Zusätzlich verliert nasse Dämmung auch noch ihre Wirkung.

Tipp *Eine alte Dämmung, die schlecht mit Lücken und Wellen verlegt und zu dünn dimensioniert ist, sollte grundsätzlich komplett ausgetauscht werden. Bei einer nicht sichtbaren Verlegung der Dämmung ist der Zeitpunkt der Arbeiten ausschlaggebend. Fragen Sie hier den Vorbesitzer. Ansonsten ist anhand des Ausbaustandards des Dachgeschosses das Alter zu schätzen (anhand Tapeten, Teppichen, Dachflächenfenstern, Fliesen).*

Dachhaut

Die Art der Dacheindeckung ist abhängig von der jeweiligen Neigung, Kubatur, Anzahl der Dachaufbauten (Gauben), der technischen Anforderungen, dem Geschmack und Geldbeutel des Eigentümers. Je einfacher die Dachform ist und je weniger Aufbauten bzw. Einbauten die Dachhaut durchdringen, desto geringer ist das Risiko von Schwachstellen.

Schadensschwerpunkte bei Dächern sind alle Kehlen (Schnittpunkt zweier Dachflächen), Durchdringungen (Antennenmast, Entlüftungen, Dachflächenfenster) und Anschlüsse an aufgehende Bauteile (Gauben, Wände). Ziegel bzw. Betondachsteindeckungen können ab ca. 22 – 70 Grad Dachneigung verwendet werden. Zusätzliche Sicherheit bieten Verklammerungen, Mörtelverstrich, Pappdocken oder Unterdeckungen (Schalungen). Für flach geneigte Dächer unter 22 Grad sind Wellplatten (Faserzement), Metalldeckungen (Kupfer, Zink) oder Dachpappen erlaubt.

Material	Haltbarkeit Jahre	Schadensbilder
Doppelte Papplage	20 bis 30	Undichte Nähte, Anschlüsse
Zementziegel	40 bis 50	Abplatzungen, Risse
Dachziegel	100	Je nach Qualität
Schiefer	100	Anschlüsse, Verwitterung
Stahlblech verzinkt	40 bis 50	Korrosion
Kupferblech	100	Korrosion, Umwelteinflüsse

Bei der Begutachtung der Dachhaut ist auf eine ordnungsgemäße Entwässerung zu achten. Pfützen bei Flachdächern oder Kaskadenentwässerung (von Dach auf Dach) sind zu vermeiden. Prüfen Sie die Anschlüsse und Regenrinnen auf Gefälle, Dimensionierung und Einbauwinkel. Feuchte Stellen bzw. Schmutzfahnen an der Fassade sind ein Indiz für nicht ordnungsgemäße Dachentwässerung.

Nachdem Sie die Bauteile des Hauses genau geprüft haben, können Sie nun eine Einschätzung des Energieverbrauchs der Gebraucht-Immobilie vornehmen.

Die energetische Analyse einer Immobilie

Wasser und Strom sind und bleiben ein erheblicher Kostenfaktor. Es ist deshalb sehr wichtig, vor dem Kauf einer Immobilie eine Einschätzung des voraussichtlichen Energieverbrauchs vorzunehmen. Die einfachste Methode zur energetischen Analyse einer Immobilie ist eine überschlägige Berechnung anhand des tatsächlichen Verbrauches.

Heizenergieverbrauch
Die Recheneinheiten sind: 1 Liter Öl = 1 m³ Erdgas = 10 kWh (grober Umrechnungsfaktor):

- Heizölverbrauch in Litern : Jahr x 10 =   kWh/a.
- Erdgasverbrauch in m² : Jahr x 10 =   kWh/a.

Zusätzlich bei Warmwassererzeugung mit separater Warmwasserbereitung, z.B. im Boiler innerhalb des Heizungssystems, sind folgende Werte vom Jahresverbrauch abzuziehen.

- 1000 kWh x Anzahl Personen =   kWh/a.
- Zwischensumme =   kWh/a.

Der Energieverbrauchs-Kennwert wird jetzt durch Teilung der Zwischensumme mit der Wohnfläche (beheizte Fläche) errechnet:

- Zwischensumme : m² – Wohnfläche =   kWh/m² a.

Der hohe Energieverbrauch an sich ist nicht das Problem, sondern die daraus resultierenden hohen Kosten für den Verbraucher und die Belastungen für die Umwelt. Gäbe es eine umweltfreundliche regenerative Energiequelle, die fast nichts kostet, wäre eine Analyse nicht notwendig und teuere Nachrüstarbeiten könnten entfallen.

Altbauten sind beispielsweise nicht so leicht auf eine andere Art der Energieversorgung umzustellen: Aufgrund ihrer Lage, ihrer Bauart oder den örtlichen Gegebenheiten. Der Einbau einer Solaranlage, einer Holzpelletheizung oder die Nutzung von Erdwärme sind nicht überall möglich. Ein weiteres Problem sind die individuellen Gewohnheiten der Nutzer (Baden oder Duschen, unterschiedliche Heiztemperaturen usw.), die eine Analyse vorhandener Verbrauchsabrechnungen sehr erschweren.

Wie beurteile ich den Energieverbrauch möglichst neutral?

Erste Schlüsse auf den Energieverbrauch sind anhand folgender Grafiken und Tabellen abzuschätzen.

Nach der von der Firma Viessmann herausgegebenen Fachreihe *Heizungsmodernisierung* beträgt der Jahres-Heizwärmebedarf in kWh/(m^2 x a):

Baujahr	1958	1968	1977	1983	1990	WschV 95	NEH
EFH	>200	150	140	120	120	90	<70
MFH	>180	170	130	100	100	80	<55

Der daraus von der Firma Ruhrgas abgeleitete Wärmebedarf in kWh/m^2 für den Warmwasseranteil ihrer gebauten Wohneinheiten lässt folgende Schlüsse zu, deren Werte für die Berechnung des Heizwärmebedarfs herangezogen werden können:

Gebäude	Warmwasser	Heizung	Gesamt
Altbestand	ca. 12 %	ca. 88 %	ca. 260
WschV 82	ca. 20 %	ca. 80 %	ca. 200
WschV 95	ca. 37 %	ca. 63 %	ca. 110
NEH	ca. 41 %	ca. 59 %	ca. 80

Die Tabellen verdeutlichen, wie wenig Heizleistung nach entsprechenden Dämm- und Modernisierungsarbeiten noch notwendig ist. Bei vielen Objekten können so bis zu 50 % der Energiekosten gespart werden.

Wenn Dämmmaßnahmen eingeleitet werden, ist der alte Heizkessel oftmals überdimensioniert. Bis etwa 1975 war es gängig, Standardkessel mit bis zu 20–30 kw Leistung in Einfamilienhäuser zu installieren. Moderne Heizungsanlagen in gedämmten Häusern haben nur noch 12–18 kw Leistung. Durch den höheren Norm- und Nutzungsgrad und dem damit verbundenen besseren Verbrennungsvorgang und der Wärmegewinnung, lässt sich heute ein deutlich niedrigerer Verbrauch realisieren.

Ferner ist der Manometer auf ausreichend Betriebsdruck im Heizkreislauf zu prüfen (1 bar = 10 m Wassersäule), d.h. der Druck sollte zwischen 1,2–2 bar liegen (im grünen Bereich). Die Vorlauftemperatur sagt ebenfalls etwas über den vorliegenden Heizkessel aus. Die optimale Temperaturspreizung zwischen Vor- und Rücklauf der Heizung liegt in der Regel bei 20 Grad. Probleme können sich dann ergeben, wenn die Heizflächen nicht für derartige Temperaturen ausgelegt sind.

	Vorlauftemperatur	Rücklauftemperatur
Nach alter Norm	90°C	70°C
Nach neuer Norm	75°C	65°C
Niedertemperatur	70°C	50 bzw. 55°C
Brennwert	60–55°C	45°C
Fußboden- Wandheizung	45°C	35°C

Bei der Heizungsanlage sollten folgende Komponenten bzw. Funktionen überprüft werden:

- Regelbarkeit der Vorlauftemperatur der Heizung (in Bezug auf die Einstellmöglichkeit für geringe, mäßige und starke Kälte).
- Vorhandensein eines Außentemperaturfühlers oder einer Steuerung zur automatischen Tag- und Nachtabsenkung.
- Dämmung und Abstrahlwärme der einzelnen Komponenten wie Standspeicher und Heizungsanlage.
- Umgebungswärme im Aufstellraum (leider nur in der kalten Jahreszeit zu kontrollieren).
- Dämmung der Rohrleitungen (Vorlauf und Rücklauf) und Warmwasserleitungen.
- Letzte Wartung und Wartungsvertrag (Säuberung des Brennerraumes, Einstellarbeiten).
- Letzte Reparaturen; typische Verschleißteile sind Heizkessel (18–20 Jahre), Gebläsebrenner (12–15 Jahre), Armaturen (20 Jahre), Regelgeräte (12 Jahre), Umwälzpumpen (10 Jahre) und Tanks (Stahlblech 18–20 Jahre).
- Lauf- und Knackgeräusche und andere Lärm verursachende Geräusche durch den Heizkessel.

Klären Sie, wann die Öltanks zuletzt gereinigt wurden und ob der Aufstellraum entsprechend gesichert (versiegelt) ist. **Tipp**

Die Energieeinsparverordnung (EnEV) für Gebrauchtimmobilienerwerber

Die Energieeinsparverordnung (EnEV) wurde am 01.02.2002 in Kraft gesetzt. Sie betrifft mit Übergangsfristen auch den Altbaubestand. Für den Erwerber eines Ein- oder Zweifamilienhauses, der selbst eine Wohnung bewohnt, gilt eine Übergangsfrist von 2 Jahren nach dem Erwerb.

Die EnEV besagt folgendes:

- Grundsätzlich waren Heizkessel, die mit flüssigen oder gasförmigen Brennstoff beschickt werden und vor dem 1. Oktober 1978 eingebaut wurden, bis zum 31. Dezember 2006 außer Betrieb zu nehmen (Hinweis: wichtiger Kaufminderungsgrund!).
- Heizkessel, die so ertüchtigt wurden, dass die zulässigen Abgasverlustgrenzwerte (11 % CO^2 + 3 % Abweichung) eingehalten werden oder deren Brenner nach dem 1. November 1996 erneuert wurde, sind bis zum 31. Dezember 2008 außer Betrieb zu nehmen. Diese Vorgabe gilt als erfüllt, wenn es sich um einen Niedertemperaturheizkessel oder Brennwertkessel handelt.
- Bei heizungstechnischen Anlagen sind ungedämmte, zugängliche Wärmeverteilungs- und Warmwasserleitungen in unbeheizten Räumen, z.B. in Kellern, zu dämmen.
- Bis zum 31. Dezember 2006 sind nicht begehbare, aber zugängliche oberste Geschossdecken bei Gebäuden mit normalen Innentemperaturen zu dämmen.
- Decken von unbeheizten Kellern sind ebenfalls zu dämmen.

Wer bauliche Veränderungen plant, hat ein so genanntes Veränderungsverbot zu beachten. Dieses betrifft Veränderungen an bestehenden energieeinsparenden Maßnahmen. Damit soll eine Verschlechterung der baulichen Gegebenheiten verhindert werden. Ein weiterer Aspekt betrifft Anbauten mit einer Mindestfläche von 30 m^2, die den neuen Standard einzuhalten haben.

Prinzipiell sind bei Änderungen von Gebäuden oder Bauteilen die Anforderungen der EnEV zu erfüllen. Es sei denn, dass bei Außenwänden, außenliegenden Fenstern, Fenstertüren und Dachflächenfenstern weniger als 20 % der Bauteilflächen gleicher Orientierung (Himmelsrichtung) oder bei Außenbauteilen weniger als 20 % der jeweiligen Bauteilfläche betreffen.

Der Energiepass

Der Energiepass gibt dem Hauseigentümer Auskunft über die Heiz- und Warmwasserkosten und soll dem Immobilieninteressenten die Kauf- oder Mietentscheidung erleichtern.

Der Energiepass ist für Neubauten ab 2007 Pflicht. Für den Gebäudebestand ist mit der EnEV 2007 immer noch kein rechtsgültiger Termin benannt worden. Der Energiepass soll voraussichtlich ab 01.01.2008 für alle Wohngebäude ab Baujahr 1965 bei Verkauf oder Neuvermietung Pflicht werden, und ab 01.07.2008 für alle Wohngebäude. Ab 01.01.2009 soll der Energiepass auch für Nichtwohngebäude eingeführt werden. Unterschieden werden dabei das Kurzverfahren und das reguläre Verfahren.

Den tatsächlichen Verbrauch kann man anhand der Abrechnung mit dem Energie-   **Tipp**
Versorgungsunternehmen erfahren. Den Energiepass dürfen nur Berechtigte erstellen, in der Regel muss sich der Verkäufer um einen Energiepass bemühen. Erkundigen Sie sich bei der jeweiligen Landesarchitektenkammer oder Handwerkskammer.

In derselben Buchreihe „Bau-Rat:" ist der bereits in dritter Auflage vorliegende bewährte „Ratgeber energiesparendes Bauen" von Königstein erschienen. Verlagsinformationen dazu finden Sie am Schluss dieses Buches.

Zu bewertende Bauteile nach der Wärmeschutzverordnung

Bestimmte Bauteile müssen zur Berechnung und Bewertung des Wärmeschutznachweises herangezogen werden. Diese Bauteile sind vorrangig bei jedem Objekt zu überprüfen, und es ist abzuschätzen, inwieweit ein Modernisierungs- oder Sanierungsstau vorliegt. Gleichzeitig können Mängel als Indikator für mögliche Bauschäden verwendet werden. Folgende Bauteile sind nach der Wärmeschutzverordnung zu prüfen:

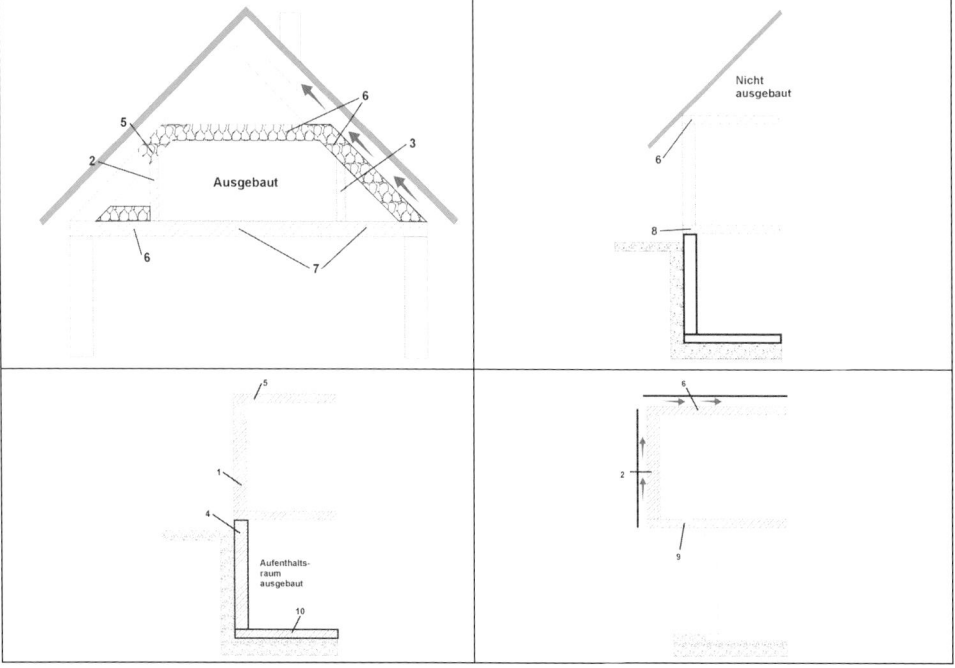

Abb. 13: Wärmedämmung (Biehlig)

(1) Außenwand

(2) Außenwand mit hinterlüfteter Außenhaut, Abseitenwand zum nicht wärmegedämmten Dachraum

(3) Wohnungstrennwand, Treppenraumwand, Wand zwischen Arbeitsräumen, Trennwand zu dauernd unbeheiztem Raum und Abseitenwand zum wärmegedämmten Dachraum

(4) An das Erdreich grenzende Wand

(5) Decke oder Dachschräge, die den Aufenthaltsraum nach oben gegen die Außenluft abgrenzt (nicht belüftet)

(6) Decke unter nicht ausgebautem Dachraum, unter Spitzboden oder unter belüftetem Raum (z. B. belüftete Dachschräge)

(7) Wohnungstrenndecke und Decke zwischen Arbeitsräumen

(8) Kellerdecke

(9) Decke, die den Aufenthaltsraum nach unten gegen die Außenluft abgrenzt

(10) Unterer Abschluss eines nicht unterkellerten Aufenthaltraumes (an das Erdreich grenzend)

Wenn Sie die Besichtigung des Gebrauchthauses sowie die Analyse der einzelnen Bauteile und des Energieverbrauchs beendet und bewertet haben, und wenn Sie sich dann entschließen sollten, die Immobilie zu erwerben, dann kann der Kauf des Objektes abgewickelt werden. Die folgenden Informationen und Anregungen werden Ihnen dabei nützlich sein.

Die am Kauf beteiligten Personen

Verkäuferhaftung

Dieses Kapitel behandelt die Rechtslage rund um den Immobilienkauf sowie eine Beschreibung aller am Kauf beteiligten Personen.

Der begrenzte Umfang des vorliegenden Buches und dessen unterschiedliche inhaltliche Schwerpunkte erlauben es nicht, eine vollständige Rechtsübersicht für jeden Spezialfall zu geben. Dafür ist die aktuelle Rechtsprechung zu komplex geworden. Es empfiehlt sich deshalb, besonders bei gravierenden Mängeln bzw. bei bereits absehbaren Unklarheiten eine professionelle Rechtsberatung in Anspruch zu nehmen.

In der Regel ist der eigentliche Erwerbsvorgang unproblematisch. Der Grundstückskauf bedeutet eine Verpflichtung zur Eigentumsübertragung. Der Kauf wird durch die Bestimmungen des notariellen Vertrages (§ 311b BGB) abgeschlossen. Bei Gebrauchtimmobilien wird fast immer die Haftung des Verkäufers für Sachmängel ausgeschlossen.

Die meisten Probleme, die im Zusammenhang mit einem Grundstückskauf auftreten können, sind:

- Unterschiedliche Qualitätsvorstellungen (§ 444 BGB Arglist/Garantie).
- Einseitige Vertragsformulierungen (§ 242 BGB).
- Schutzpflichtverletzungen (§§ 280, 241 BGB).

Bei der Haftung aus Garantie § 444 BGB (früher: Fehlen zugesicherter Eigenschaften) geht es um das Versprechen bestimmter Eigenschaften, die das Objekt aufweist. Zu den Eigenschaften von Gebrauchtimmobilien sind z.B. mangelnder Schall- und Wärmeschutz oder niedrige Räume zu zählen. Eigenschaften sind Merkmale einer Sache, nicht Erwartungen. Eigenschaften sind oftmals auch zusätzliche wertbildende Merkmale eines Gegenstandes. Der Wert selbst spielt hier jedoch keine Rolle, es sind mehr die Sollbeschaffenheiten des Vertragsgegenstandes.

Leider ist eine Differenzierung dahingehend sehr schwierig. Erhöhter Schall- und Wärmeschutz sind beispielsweise positive Bewertungskriterien und wertbildend. Es sind gleichzeitig aber auch Erwartungen an einen Gegenstand, weil z.B. der Komfort des erhöhten Schallschutzes ein mitausschlaggebender Kaufaspekt ist.

Ein Ausschluss der Mängelhaftung bei Gebrauchtimmobilien ist abhängig davon, ob der Verkäufer arglistig handelt. Wenn offene Fehler am Objekt zugänglich und gut

sichtbar sind, haftet der Verkäufer in der Regel nicht (§ 442 BGB). Sind die aufge-
tretenen Fehler fehlende Eigenschaften oder Mängel am Objekt? In beiden Fällen ist
häufig ein arglistiges Verschweigen gemäß § 444 BGB nachzuweisen, um Recht zu
bekommen.

Wenn der Streitgrund keine Eigenschaft des Objektes betrifft, so besteht die
Möglichkeit, eine Mängelhaftung beim Kauf in Anspruch zu nehmen. Man
spricht nicht von einem Mängel, wenn die Sache sich für die gewöhnliche Verwendung eignet und eine übliche Beschaffenheit aufweist, die der Erwerber erwarten kann, beispielsweise eine alte knarrende Holztreppe oder eine schlechte
Energiebilanz.

Der Makler

Für viele ist der Kauf einer Gebrauchtimmobilie über einen Makler ein großes Problem. Die oft schwer zu bewertende Tätigkeit des Immobilienmaklers, der „für
wenig Leistung viel Geld verlangt", wird dafür gern als Begründung herangezogen.
Solche Skeptiker haben in einigen Punkten durchaus Recht. Der Beruf des Immobilienmaklers ist gesetzlich nicht normiert, d.h., es ist theoretisch keinerlei
Ausbildung dafür notwendig. Ein Gewerbeschein (GewO § 34c, 35) genügt, und
man kann sich Makler nennen.

Der Gesetzgeber versucht den Verbraucher zu schützen, deshalb haben Makler folgende Gesetze zu beachten:

- AGBG (Gesetz zur Regelung des Rechts der Allgemeinen Geschäftsbedingun-
  gen), wichtig im Zusammenhang mit dem Kleingedruckten auf Exposés und der
  Begründung der Ansprüche des Maklers.
- BGB (Bürgerliches Gesetzbuch) § 652: Der Maklervertrag ist ein Dienstleis-
  tungsvertrag.
- GewO (Gewerbeordnung).
- MaBV (Makler- und Bauträgerverordnung), enthält kaum Grundlagen und weni-
  ge Regelungen zum Erwerb von Gebrauchtimmobilien.
- UWG (Gesetz gegen den unlauteren Wettbewerb).
- WovermG (Wohnungsvermittlungsgesetz), nur bei der Vermittlung von Mietver-
  trägen für Wohnungen.
- Rechtsberatungsgesetz (keine Rechtsberatung, nur im geschäftlichen Rahmen).
- PAngV (Preisangabenverordnung, z.B. bei Kreditverträgen), bei zusätzlicher
  Vermittlung von Finanzdienstleistungen.
- FernAbsG (Fernabsatzgesetz), bei Erbringung von Dienstleistungen auf dem
  Weg der elektronischen Datenübertragung, z.B. über das Internet.

Die Pflichten des Immobilienmaklers bei einem Objektkauf sind nicht explizit gesetzlich geregelt. Daher ist es wichtig, sich zunächst die Geschäftsbeziehungen eines Maklers anzusehen.

Aus der Sicht des Verkäufers:

1. Zwischen Verkäufer und Makler entsteht ein Maklervertrag.
2. Die Problematik der so genannten Doppelmaklerstellung entsteht bei einem zusätzlichen Maklervertrag mit dem Interessenten.
3. Der Hauptvertrag entsteht bei Kaufabschluss mit Provisionsanspruch. Hier kann die Provision zwischen Erwerber und Verkäufer aufgeteilt werden (Innenprovisionen).

Das umgekehrte Dreiecksverhältnis, ausgehend vom Kaufinteressenten:

1. An den Makler geht der Auftrag, einen Interessenten zu suchen.
2. Zwischen Makler und Interessent entsteht ein Maklervertrag.
3. Entstehung des Hauptvertrages zwischen Käufer und Verkäufer über Kauf/Pacht.

Verliert der Makler seine neutrale Stellung, kann dies auch zu einseitigem Handeln führen. Aufgrund des Maklerauftrages durch den Verkäufer, muss er verkaufen. Aber seine Provision wird er vom Käufer erhalten, mit dem der eigentliche Vertrag zustande kommt! Deshalb spricht man hier auch von einer Doppelmaklerstellung (Interessent-Makler-Verkäufer).

Unzulässig für den Makler ist es, eine wirtschaftliche oder rechtliche Verflechtung zu einer Partei zu haben. Ein neutrales Agieren wäre dann nicht mehr möglich und der Provisionsanspruch kann dabei verwirken, z.B. auch bei gleichzeitiger Tätigkeit als Hausverwalter für das Objekt.

Neben der Objektbenennung muss der Makler auch die Möglichkeit des Vertragsabschlusses für das Objekt nachweisen. Dies beinhaltet eine sachlich richtige Darstellung der Eigenschaften des Objektes, also die Objektbeschreibung bzw. Objektbezogenheit (z.B. die Wohnfläche) und den Namen des Verkäufers.

Die Maklertätigkeit ist eine Vermittlungstätigkeit. Es wird zwischen Nachweismakler und Vermittlungsmakler unterschieden. Der Nachweismakler muss die Gelegenheit zum Abschluss eines Vertrages nachweisen, jedoch nicht die Gelegenheit zum Kennenlernen eines Objektes.

Der Nachweis ist erfüllt, wenn der Käufer in der Lage ist, zum Vertragsabschluss zu kommen. Der Vermittlungsmakler hat den Abschluss des späteren Hauptvertrages zu fördern, z.B. durch fachliche Hilfe oder Unterlagenbeschaffung.

Die Arbeitsweise des Maklers

Bezüglich der Auftragsvergabe an Makler unterscheidet man zwischen Alleinauftrag und qualifiziertem Alleinauftrag. Der Alleinauftrag soll den Makler vor Mitbewerbern schützen, d.h. der Verkäufer kann keine weiteren Makler für dasselbe Objekt einschalten. Der qualifizierte Alleinauftrag kann den Makler sogar vor einem Eigenverkauf durch den Eigentümer schützen.

Hat er keinen Alleinauftrag, so darf er nur mit Zustimmung beider Parteien (Käufer/Verkäufer) tätig werden, in dem Fall als Vermittlungsmakler. Für Nachweismakler gilt, dass bei Objektvorkenntnis und vorheriger Ablehnung durch den Interessenten nur mittels einer motivierenden Tätigkeit, z.B. Preissenkung, Kostenanalysen usw., ein Vertrag zustande kommen kann.

Gängig, aber rechtlich umstritten sind Klauseln in Verträgen, die den Käufer einseitig benachteiligen. Hierzu gibt es zahlreiche Beispiele.

Der Makler gibt z.B. lediglich Angaben weiter. Durch die Klausel: „Alle Angaben gemäß dem Eigentümer oder Dritter", versucht er sich abzusichern. Er haftet nicht für die Richtigkeit der Angaben aus dem Exposé. Lediglich bei Vorsatz, arglistigem Verschweigen oder grober Fahrlässigkeit kann der Makler noch haftbar gemacht werden.

Ein weiteres Beispiel ist auch, wenn ein Objekt zunächst privat angeboten wurde und dann, aufgrund mangelnden Erfolgs, ein Makler eingeschaltet wird. Der Interessent, der das Objekt schon vor Einschaltung des Maklers gesichtet und gekannt hatte, möchte das Objekt nun doch noch kaufen. Werden auch jetzt keine Dienste vom Makler in Anspruch genommen, so ist auch keine Courtage zu zahlen.

Ein weiteres Ärgernis aus Sicht des Käufers sind so genannte Verweisungs- und Hinzuziehungsklauseln. Das bedeutet, der Verkäufer muss alle Interessenten an den Makler verweisen und/oder der Makler ist bei Verhandlungen immer hinzuzuziehen. Klauseln dieser Art sind kritisch zu betrachten, da hier ganz klar der Käufer einseitig benachteiligt wird. Die meisten „kritischen" Klauseln betreffen die Käufer von Objekten, bei denen dem Makler ein qualifizierter Alleinauftrag erteilt wurde. Des Weiteren sind Klauseln über die Vertraulichkeit des Angebotes und das Verbot der Weitergabe an Dritte zulässig.

Der Maklersuchauftrag

Viele Interessenten, die ein Objekt erwerben möchten, lassen sich bei verschiedenen Maklern in Form von Suchaufträgen registrieren. Ein Suchauftrag sollte für den Erwerber immer kostenfrei sein. Erwarten Sie jedoch nicht zu viel, in der Regel kann der Makler auch nicht zaubern. Wer Objekte im Bestand hat, wird diese nicht vor potentiellen Interessenten verbergen. Früher oder später steht fast jedes Objekt in der Zeitung.

Die hartnäckige Behauptung des Insiderwissens seitens der Makler liegt eigentlich nur an deren besserer Sammlung bzw. Auswertung der aktuellen Immobilienanzeigen und anderer Informationsquellen.

Grundsätzlich besteht die Möglichkeit, sich ein Objekt für eine gewisse Zeit, etwa zwei bis vier Wochen und länger, reservieren zu lassen. Dies kann z.B. wegen verschiedener Finanzierungsanfragen oder der Preiseinholung für notwendig werdende Sanierungsarbeiten sinnvoll sein. Vorraussetzung dafür ist jedoch immer das nachweisbare Einverständnis des Verkäufers.

Eine Reservierungsvereinbarung ist von Makler und Verkäufer zu unterschreiben. Der Makler hat das Objekt vom Markt zu nehmen und für den vereinbarten Zeitraum keine weiteren Anbahnungen zu tätigen. Über die zulässige Höhe der Reservierungskosten hat die Rechtsprechung Obergrenzen gesetzt. Nach einem Urteil des Bundesgerichtshofes (BGH) wird auf den Interessenten ein unzulässiger Druck zum Erwerb eines Grundstücks ausgeübt, wenn die Reservierungsgebühr 15 % der Provision des Maklers überschreitet. Reservierungsgebühren sollten auch auf den Kaufpreis bzw. auf die Provision angerechnet werden.

Die Haftung des Maklers

Gemäß BGB hat der Makler keine Hauptpflichten, lediglich Nebenpflichten wie z.B. Treuepflicht, Interessenwahrung oder Aufklärungspflicht. Der Makler ist nicht zu weiteren Nachforschungen verpflichtet. Ist dies der Fall, so handelt er auf eigenes Risiko, z.B. Grundrisse erstellen, Wohnflächenberechnung oder Vorschläge zur Bebauung machen. Der Makler gibt nur ungeprüfte Mitteilungen weiter, für deren Richtigkeit er nur bei Vorsatz und grober Fahrlässigkeit haftet.

Bei mündlichen Aussagen zur Verkaufsförderung ohne Zeugen ist besondere Vorsicht geboten. Eine Prospekthaftung gibt es nicht und häufig genügt sogar der Hinweis, dass alle Angaben, die der Eigentümer sind oder von dritter Seite stammen. Es ist schwer, den Makler für falsche Angaben haftbar zu machen. Erweckt der Prospekt

(Exposé) jedoch den Eindruck, der Makler hätte die Angaben selbst geprüft, dann kann eine Mithaftung wegen Schlechterfüllung oder grober Fahrlässigkeit entstehen.

Ein Schadensersatz bei Verstoß gegen die genannten Gründe aus Sichtweise des Käufers ist sehr schwer zu erwirken. Der Makler kann nur rückwirkend seinen Provisionsanspruch wegen Schlechterfüllung des Maklervertrages oder wegen provisionsunwürdigen Verhaltens (Treue- und Sorgfaltspflicht) verlieren. Gegenüber dem Käufer haftet der Makler auch, wenn er Kaufpreisverhandlungen oder Minderungen trotz eindeutiger Nachfrage des Interessenten nicht weitergibt. Kaufpreisverhandlungen und Angebote sind daher immer im Beisein des Eigentümers oder schriftlich zu führen.

Die Maklerprovision

Die Provision, auch Courtage genannt, ist der Lohn für die Maklerleistung. Die Provisionsregelung ist in den einzelnen Bundesländern verschieden, eine gesetzliche Regelung bzw. eine Mindesthöhe gibt es nicht, sie ist also frei verhandelbar. Drei Modelle existieren dafür auf dem deutschen Markt:

- Eine „Provisionsteilung" erfolgt durch den Verkäufer und den Käufer (jeweils etwa 3 %).
- Bei der „Innenprovision" bezahlt der Verkäufer die vorher festgelegte Provision.
- Bei einer „Käuferprovision" bezahlt der Käufer des Objektes die volle Provision.

Ein seriöser Makler sollte auf Verlangen des Käufers die Höhe und eventuell auch die tatsächliche Aufteilung der Provisionsverhältnisse darlegen. Die Provision sollte immer getrennt vom Kaufpreis der Immobilie ausgewiesen und bezahlt werden. Der Makler wird immer versuchen, seine Ansprüche durch einen entsprechenden Eintrag im notariellen Kaufvertrag geltend zu machen. Im Bundesdurchschnitt betragen die Gesamtprovisionen ca. 4–6 % des Kaufpreises einer Immobilie, inklusive Mehrwertsteuer. Marktüblich ist, dass je nach Kaufpreis des Objektes Nachlässe bis zu 20 % bzw. bei sehr niedrigen Kaufpreisen auch Pauschalen gezahlt werden.

Tipp   *Fast jeder Makler ist verhandlungsbereit für eine Nachlassgewährung – vor allem bei problematischen Objekten, die bereits lange auf dem Markt sind. Setzen Sie den Makler auch über den Eigentümer unter Druck, scheuen Sie sich nicht zu (ver-)handeln! Die Höhe der Provision bzw. Courtage ist immer frei verhandelbar, sie steht oft in keinem Verhältnis zu Aufwand und Risiko.*

Zu dem Stichwort „Provision" ergeben sich noch folgende Fragen:

Wann entstehen Provisionsansprüche?
Viele Makler arbeiten ohne einen schriftlichen Maklerauftrag seitens des Verkäufers, weil diese sich nicht gern an (nur) einen Makler binden möchten. So kommt es auch vor, dass ein Objekt von mehreren voneinander unabhängigen Maklern angeboten wird. Der Maklervertrag ist nicht formbedürftig, er kann schriftlich, mündlich oder schlussfolgernd beschlossen werden.

Der Objektnachweis ist als Vertragsgrundlage nicht ausreichend. Zusätzlich muss, trotz Kenntnis der Provisionspflicht, dem betroffenen Makler eine Leistung übertragen werden, z.B. eine Kaufpreisverhandlung mit dem Eigentümer. Bei der Kaufpreisverhandlung müssen ein Angebot und die Annahme dieses Angebots zustande kommen. Schon die schriftliche kaufmännische Bestätigung, z.B. eines Telefonats, kann dafür ausreichend sein.

Lässt sich der Interessent vom Makler der Gegenseite die Bemühungen um das Zustandekommen eines Hauptvertrages gefallen, so ist dies noch keine Leistung und demnach entsteht noch kein Provisionsanspruch. Erscheint ein Makler nach außen hin als Makler des Verkäufers, z.B. durch einen Alleinauftrag, so muss er ein ausdrückliches Provisionsverlangen an den Käufer stellen. Die Beweislast, dass ein stillschweigender Vertragsabschluss zustande gekommen ist, liegt beim Makler.

Einfacher ist die Situation, wenn der Kunde den Makler beauftragt, tätig zu werden. Hier ist von einem Antrag auf Abschluss auszugehen. Wendet sich hingegen der Makler an den Kunden, z.B. bei einer Besichtigung, um das Objekt zu verkaufen, kippt die Beweislast. Der Makler muss nun darlegen und gegebenenfalls beweisen, dass der Interessent von seiner Tätigkeit und demnach auch von einer Provisionspflicht wusste.

Nicht ausreichend für das Entstehen einer Provisionspflicht ist der Anruf mit der Bitte um Objektinformationen, Zusendung eines Exposés oder die Interessensbekundung auf eine Anzeige hin. Auch die unverbindliche Entgegennahme eines Exposés anlässlich einer Objektbesichtigung ist noch nicht mit einer Kosten- bzw. Provisionspflicht verbunden. Weitere vertrags- bzw. kostenpflichtige Dienste können aber bereits die einfachsten Tätigkeiten des Maklers sein, wie z.B. die Vermittlung eines Gesprächstermins mit dem Eigentümer oder die weitere Einholung von Informationen (z.B. Grundbuchauszug oder Einblick in das Baulastenverzeichnis) oder auch ein weiterer Besichtigungstermin.

Wann muss ich eine Provision zahlen?
Wenn der Hauptvertrag (Notarvertrag) verhindert wird oder aufgrund bestimmter Klauseln von Anfang an unwirksam ist, muss keine Provision gezahlt werden. Eben-

so verhält es sich bei Erlangung des Vorkaufsrechtes. Möglich sind auch schwebend unwirksame Verträge oder aufschiebende Bedingungen. Bei einer wirtschaftlichen Verflechtung (Hausverwalter als Makler, Verkauf aus Eigenbestand oder eigener Firma) entfällt der Provisionsanspruch in der Regel. Gleiches gilt bei einem Rücktrittsvorbehalt oder bei einem einfachen Vorvertrag ohne Notar.

Eine Provision muss bei einer einvernehmlichen Aufhebung, bei Nichtzahlung des Kaufpreises und beim gesetzlichen Rücktrittsrecht gezahlt werden. Es reicht, dass der Makler die Anschrift des Kunden in seinen Unterlagen vermerkt. Wenn Sie den Makler zu Objektangeboten auffordern, ist dies ein Angebot auf Abschluss eines Maklervertrages. Bei einer unaufgeforderten Zusendung von Objektangeboten kommt noch kein Vertrag zustande, erst bei Innanspruchnahme daran anschließender Dienste. Die Nennung der Bestandsobjekte reicht ebenfalls dafür nicht aus.

Der Notar

Die Rechte und Pflichten des Notars sind im Beurkundungsgesetz und im BGB (Bürgerliches Gesetzbuch) aufgeführt. Es besteht Wahlfreiheit für die notarielle Beurkundung, d.h. es kann ein schon bekannter Notar oder der vom Verkäufer vorgeschlagene Notar akzeptiert werden. Nach BGB ist bei Grundstücksgeschäften der Beisitz eines Notars immer notwendig, da es sich hier um eine erklärungsbedürftige Dienstleistung handelt. Der Staat möchte so den Verbraucher vor Missverständnissen oder Übervorteilungen durch Nichtwissen schützen.

Grundsätzlich arbeiten fast alle Notare gleich (manchmal kann es zu Zeitverzögerungen bei der Ausführung kommen oder zu Problemen bei bestimmten Klauseln). In der Gebührenordnung sind die entstehenden Kosten festgelegt. Im Beurkundungsgesetz werden die grundsätzlichen Rechte und Pflichten der Notare festgelegt:

- Verbot der Mitwirkung des Notars, wenn seine Neutralität nicht gewährleistet ist (z.B. Verwandte, Geschäftspartner).
- Ablehnung der Beurkundung bei offensichtlicher Geschäftsunfähigkeit einer Partei und bei offensichtlich verbotenen oder unredlichen Zwecken.
- Grundsätzliche Notwendigkeit einer Niederschrift der Beurkundung.

Der Notar erklärt mit seiner Unterschrift nur, dass die Vertragsparteien den Vertrag tatsächlich persönlich unterschrieben haben. Zum Vertragsinhalt äußert sich der Notar in der Regel nicht. Es besteht aber eine neutrale Erklärungspflicht über den Inhalt des Vertrages seitens des Notars, wenn einige Klauseln unklar sind.

Diese Punkte sollten vor dem Notartermin geklärt werden:

- Altlastenregelung hinsichtlich Haftung und Entsorgungskosten für das Grundstück.
- Übergabe von Bescheinigungen für bezahlte Anliegerbeiträge.
- Liegt das Grundstück in einem ausgewiesenen Sanierungsgebiet und wurden bereits alle vorherigen Stadtsanierungsmaßnahmen abgerechnet?
- Gibt es Stellplätze oder eine Ablösesumme für Stellplätze? Wer finanziert gemeinsam genutzte Einrichtungen, z.B. Grenzmauern oder Stellplätze?
- Wird zur Zeit eine Erschließungsmaßnahme hergestellt oder geplant und ist diese öffentlich oder privat organisiert?
- Können Probleme mit bestandsgeschützten Bäumen auftreten?
- Liegt ein Rechtsstreit oder eine Auseinandersetzung mit Nachbarn oder Behörden vor?

Des Weiteren sind für den Kaufabschluss noch folgende Behördengänge und Eintragungen notwendig:

Baulastenverzeichnis

Baulastenverzeichnisse werden von den jeweils zuständigen Bauaufsichtsbehörden geführt. Sie dienen dem Eintrag von Baulasten und von öffentlich-rechtlichen Verpflichtungen eines Grundstückseigentümers gegenüber der Baubehörde, das Grundstück betreffende bestimmte Dinge zu tun, zu unterlassen oder zu dulden.

Baulasten werden in der Regel formlos eingetragen. Bei der Einreichung von Plänen sind diese von beiden Parteien zu unterzeichnen, denn eine Baulast setzt beidseitiges Einverständnis voraus. Sie stellt eine Beschränkung des Grundstücks gegenüber anderen Grundstücken dar. Davon betroffen sind z.B. Vorhaben bzw. Veränderungen, die öffentlich-rechtlichen Vorschriften widersprechen, z.B. bei den Abstandsflächen.

Beim Verkauf einer Immobilie bleibt die Baulast im Rahmen der Rechtsnachfolge bestehen. Im Grundbuch werden Baulasten nicht eingetragen, da sie Rechte Dritter nicht betreffen. Die zusätzliche Sicherung durch Eintragung einer Grunddienstbarkeit wird in der Regel nicht gemacht. Die Baulast ist privates Recht und kann, wenn kein öffentliches Interesse mehr besteht, gelöscht werden.

Grundbuch

Das Grundbuch ist ein Verzeichnis von Grundstücken, in dem die Eigentumsverhältnisse sowie die auf dem Grundstück liegenden Lasten und Rechte rechtsverbindlich und zeitgerecht erfasst sind. Jedermann kann darin Einsicht nehmen, eventuell unter Nachweis eines berechtigten Interesses.

Bundeseinheitlich wird zwischen drei Abteilungen unterschieden:

- Abteilung I: Hier stehen der Eigentümer bzw. die Erbbauberechtigten sowie ergänzende Angaben z.B. zum Erwerb sowie eine Auflassungsvormerkung oder ein Erbnachfolger.
- Abteilung II: Hier werden Lasten und Beschränkungen eingetragen. Dazu gehören Grunddienstbarkeiten, beschränkte persönliche Dienstbarkeiten, Dauerwohn- und Dauernutzungsrechte oder Reallasten, z.B. Nießbrauch, Vorkaufsrechte und Erbbaurecht. Ebenso eventuelle Verfügungsbeschränkungen wie Insolvenzvermerk, Sanierungs- und Umlegungsvermerk, Nacherbenvermerk, Testamentsvollstreckungsvermerk, Zwangsversteigerungs- und Zwangsverwaltungsvermerk sowie Benutzungsregelungen bei Miteigentum.
- Abteilung III: Hier sind die Grundpfandrechte, also Grundschulden, Rentenschulden und Hypotheken, verzeichnet.

Eingetragene Grundstücksbelastungen werden wie folgt eingeteilt: Reallasten sind beschränkte persönliche Dienstbarkeiten, wie z.B. Wohnrecht, Wegerecht oder Erbbaurecht. Zu den Reallasten gehören auch die langfristig eingetragenen Grunddienstbarkeiten, wie z.B. Bau- und Wettbewerbsbeschränkungen.

Die Grundschuld oder Hypothek dient der Kreditsicherung. Es können auch Leibrenten oder andere Renten bzw. Alterssicherungen eingetragen sein.

Die Unterscheidungen bei den Grundstücksbelastungen beziehen sich auf den Berechtigten: Es kann sich z.B. um eine konkrete Person handeln oder um die Berechtigung des Eigentümers eines anderen Grundstücks. An den eingetragenen Grundpfandrechten, z.B. einem Nießbrauch, ist eine Person berechtigt. Eine Grunddienstbarkeit kann nur zugunsten des Eigentümers eines Grundstücks bestellt werden. Anders verhält es sich bei den Reallasten und bei dinglichem Vorkaufsrecht: Hier sind die Berechtigten variabel.

Checkliste zum Notarvertrag (Kaufvertrag)

Kriterium	Eigene Bemerkungen	Vorhanden	
		ja	nein
Erfassung aller Personendaten.			
Erfassung des Kaufobjektes.			
Gewährleistungen des Verkäufers.			

Kriterium	Eigene Bemerkungen	Vorhanden	
		ja	nein
Rechtssicherheit der Bebauung, bezahlte Erschließungsbeiträge, ggf. als Anhang zum Notarvertrag beifügen.			
Nennung des Kaufpreises, bereinigt um alle Provisionen und beweglichen Gegenstände im Haus.			
Grundbuch einsehen. Lastenfreie Übergabe, ggf. mit Hinweis auf Baulasten.			
Eintragung einer Auflassungsvormerkung (sichert das Vorkaufsrecht, ist schneller als ein Grundbucheintrag).			
Unbedenklichkeitsbescheinigung des Finanzamtes oder Klärung evtl. öffentlicher Vorkaufsrechte.			
Grundbucheinsicht mit Belehrung über sämtliche Einträge.			
Festlegung eines zeitlichen Ablaufs für den Notarvertrag und für die Zahlungen.			
Zeitliche Festlegung der Nutzungs- und Lastenübernahme (alle Pflichten und Lasten, die sich aus dem Grundstück ergeben, werden dem Käufer übergeben).			
Vorhandensein einer salvatorischen Klausel (d.h. die Unwirksamkeit einer Klausel setzt den gesamten Vertrag nicht außer Kraft).			
Siegelung und Beglaubigung in mehreren Ausfertigungen.			
Vorlage einer Kopie des Kaufvertrages zur Einsicht.			
Beantragung einer Vollmacht des Notars über alle notwendigen Vorgänge (Grundbucheintrag), Kosten dafür vorher klären.			

Der Sachverständige

Die Bezeichnung „Sachverständiger" ist in Deutschland kein geschützter Titel. Jeder darf sich so nennen und seine Dienste anbieten. Auf dem Immobilienmarkt ist daher besondere Vorsicht geboten, zumal für die Berufsausübung als Finanz- oder Immobilienmakler keine spezielle Ausbildung zwingend vorausgesetzt wird.

Sachverständige können ihre Leistungen als freie Sachverständige, als freie und zertifizierte Sachverständige bzw. als öffentlich bestellte und vereidigte Sachverständige anbieten.

Freie zertifizierte Sachverständige haben sich durch eine anerkannte Zertifizierungsstelle ihre Anerkennung verschafft, z.B. durch einen erfolgreichen Abschluss an der Deutschen Immobilien Akademie (DIA). Der öbuv (öffentlich bestellte und vereidigte) Sachverständige wird von der Industrie und Handelskammer (IHK) nach Abschluss einer entsprechenden Sachkundeprüfung vereidigt. Dieser kann dann als Sachverständiger von den Gerichten, von Kreditinstituten oder Versicherungen bestellt werden. Geltung vor Gericht haben aber auch freie oder auf andere Weise zertifizierte Sachverständige.

Wer ein Gutachten in Auftrag gibt, z.B. ein Wertgutachten oder ein Gutachten über eventuelle Mängel einer Immobilie, sollte sich vorher über den damit verbundenen Zweck im Klaren sein. Das Hinzuziehen eines Sachverständigen ist nicht immer notwendig und eher situationsabhängig.

Dem Erwerber kann ein Gutachten nur Sicherheit über einen bestimmten Sachverhalt verschaffen, es wird jedoch weder eine rechtlich zwingende noch bindende Tatsache vor dem Gericht bzw. für den Verkäufer sein. Gutachten helfen in der Regel der eigenen Entscheidungsfindung. Erst wenn nach dem Erwerb der Immobilie erhebliche Zweifel über einen bestimmten Sachverhalt begründet sind und wenn ein Gerichtsverfahren angestrebt wird, wird ein Gutachten zwingend erforderlich. Im Zweifel wird der Richter einen öffentlich bestellten und vereidigten Gutachter/Sachverständigen benennen.

Sachverständige rechnen ihre Gebühren nach der HOAI (Honorarordnung für Architekten und Ingenieure) ab. Gutachten kosten, je nach Zweck (Bewertung/Bauschäden), zwischen 1.000 und 3.000 Euro für ein normales Einfamilienhaus. Zusätzlich können noch Kosten für eventuell notwendige Sonderuntersuchungen hinzukommen.

Tipp   *Ein Sachverständiger sollte einen dem Zweck des Gutachtens nahen Ausbildungsberuf erlernt haben, eventuell mit Meistertitel. Oder er sollte über ein abgeschlossenes Studium als Architekt, Bauingenieur oder in der Immobilienwirtschaft verfügen.*

Achten Sie auf seine Zertifizierung. Bei Verwendung des Gutachtens vor Gericht sollte Ihr Rechtsanwalt selbstverständlich für das jeweilige Aufgabengebiet qualifiziert sein. Denn grundsätzlich kann fast jedes Gutachten von einem Gegengutachten angefochten werden.

Nachdem nun alle am Kauf beteiligten Personen und deren (rechtliche) Position erläutert wurden, folgt im vorletzten Kapitel dieses Buches eine Zusammenfassung der gesetzlichen Anforderungen, die beim Kauf eines Gebrauchthauses zu beachten sind.

Gesetzliche Anforderungen an das Gebrauchthaus

Die gesetzlichen Anforderungen an eine Immobilie sind, ausgehend von deren Baujahr, seither oft verändert worden oder auch in andere Vorschriften eingegangen bzw. inzwischen vollständig neu definiert worden.

In diesem Kapitel werden die grundlegenden Anforderungen an ein Haus oder eine Wohnung aus städtebaulicher Sicht erläutert. Besonderheiten, wie Denkmalschutz, städtebauliche Satzungen, Bestandsschutz und nachbarschaftliche Rechte, sollen beim rechtzeitigen Erkennen und Bewerten von Grenzfällen helfen. Zielsetzung dieses Kapitels ist es Sensibilisierung zu schaffen für die abschließende baurechtliche Prüfung des Gebrauchthauses über die Einhaltung des Baurechts und für notwendige Veränderungen.

Die Nichteinhaltung bestimmter Bauvorschriften kann den Wert eines Objektes erheblich mindern. Viele Objekte wurden im Laufe der Jahre immer wieder an- und umgebaut oder zu einer Zeit errichtet, in denen die heutigen Vorstellungen vom Wohnen und Leben noch keine Rolle spielten. Wenn aus bestimmten baurechtlichen Gründen ein Prozess gegen den Vorbesitzer oder das Bauamt angestrebt wird, so sind solche Auseinandersetzungen in der Praxis langwierig und teuer.

Die grundlegenden baurechtlichen Vorschriften sind in folgenden Gesetzen und Verordnungen zu finden:

Das Baugesetzbuch (BauGB) behandelt die Aufgaben der Bauleitplanung und deren Sicherung aus städtebaulicher Sicht. Bauleitplanungen sind Flächennutzungspläne und der daraus resultierende Bebauungsplan. Des Weiteren werden städtebauliche Sanierungs- und Entwicklungsmaßnahmen beschrieben. Das sind z.B. Erhaltungssatzungen oder das Modernisierungs- und Instandsetzungsgebot.

Die Baunutzungsverordnung (BauNVO) oder die Verordnung über die bauliche Nutzung der Grundstücke legt, als Ergänzung zum Flächennutzungs- und Bebauungsplan, die Art und das Maß der baulichen Nutzung sowie die Bauweise und die überbaubare Grundstücksfläche fest.

Die Landesbauordnung (LBO) ist länderspezifisch und orientiert sich an der bundesweiten MBO (Musterbauordnung). In der LBO werden Vorschriften wie der Anwendungsbereich, das Grundstück und seine Bebauung, bauliche Anlagen und allgemeine Anforderungen an die bauliche Ausführung festgelegt. Für die Baupraxis werden die Anforderungen für die am Bau Beteiligten bestimmt sowie Vorgaben seitens der Behörden zur Abwicklung der Baugenehmigung und des Bauvorhabens dargestellt.

Baugesetzgebung für die Baurechtsprüfung

Flächennutzungsplan	Wohnungsbauflächen Gemischte Bauflächen Gewerbliche Bauflächen Sonderbauflächen
Bebauungsplan	Art und Maß der baulichen Nutzung Größe, Breite und Tiefe der Baugrundstücke Bauweise, überbaubare und nicht überbaubare Grundstücksflächen Stellung der baulichen Anlagen Art der baulichen Nutzung Gewerbegebiete, Mischgebiete, allgemeine Wohngebiete, Sondergebiete, Kerngebiete, Dorfgebiete, Kleinsiedlungs- gebiete, besondere Wohngebiete
Zulässigkeiten von Vorhaben in unbeplanten Innen- und Außenbereichen	Zulässigkeit von Vorhaben im Geltungsbereich eines Bebauungsplanes/Ausnahmen und Befreiungen Zulässigkeit von Vorhaben innherhalb des Ortsteils (Eigenart der Umgebung) Bauen im Außenbereich (z.B. landwirtschaftliche Betriebe)
Städtebauliche Besonderheiten	Erhaltungssatzung Sanierungssatzung Modernisierungs- oder Instandsetzungsgebote
Grundstück	Baulasten Abstandsflächen Nachbarschaftsrecht/Dienstbarkeiten Altlasten
Haus	Abgeschlossenheit der Wohnungen Aufenthaltsräume nach LBO im Keller/Dachgeschoss Einteilung Wohn- und Nutzfläche Denkmalschutz (einfaches Kulturdenkmal) Bestandsschutz Baurechtliche Genehmigungen für An- und Umbauten

Abb.14: Baurechtsprüfung (Biehlig)

Wer eine gebrauchte Immobilie erwirbt, sollte sich über die mögliche Nutzungsform des betreffenden Gebietes informieren. Dies ist in der Regel dem Flächennutzungs- plan und dem Bebauungsplan zu entnehmen. Anhand der Nutzungsform können so unliebsame Überraschungen bei der möglichen Nutzung der Nachbarbebauung aus- geschlossen werden. Folgende Einteilung nach Art der baulichen Nutzung und den möglichen Nutzungsformen wird nach der BauNVO (Baunutzungsverordnung) gemacht:

Bauliche Nutzungsart	Mögliche Nutzungsformen
Kleinsiedlungsgebiete	Kleinsiedlungen einschließlich Wohngebäuden mit entsprechenden Nutzgärten, landwirtschaftliche Nebenerwerbsstellen, Gartenbaubetriebe, Anlagen für kirchliche und soziale Zwecke usw. Häufig sind hier Siedler- und Aussiedlerhäuser einfacher Bauart zu finden. Gewerbe und Tankstellen garantieren die Mindestversorgung.
Reine Wohngebiete	Reine Wohngebiete dienen dem Wohnen. Ausnahmsweise zugelassen sind jedoch nicht störende Handwerksbetriebe und Läden, die zur Deckung des täglichen Bedarfs dienen sowie Pflegeeinrichtungen.
Allgemeine Wohngebiete	Zulässig sind hier Wohngebäude, Läden, Schank- und Speisewirtschaften, Handwerksbetriebe, kulturelle Einrichtungen und sonstige Gewerbebetriebe, z.B. Gartenbaubetriebe und Tankstellen.
Gebiete zur Erhaltung und Entwicklung der Wohnnutzung	Gebiete, die historisch gewachsen sind und in ihrer Eigenart erhalten bleiben sollen. Zulässig sind Wohnnutzung, Läden, Gewerbe-, Geschäfts- und Bürogebäude. Es handelt sich hier eher um innerstädtische Gebiete.
Dorfgebiete	Dienen der Unterbringung von Wirtschaftsstellen landwirtschaftlicher Betriebe, dem Wohnen und der Unterbringung von Gewerbebetrieben wie Versorgungseinrichtungen und Einzelhandel. Auf Belange der land- und forstwirtschaftlichen Entwicklungsmöglichkeit ist Rücksicht zu nehmen. Problematisch ist das Bauen im Außenbereich, weil hier oft Sondergenehmigungen erforderlich sind.
Mischgebiete	Mischgebiete dienen dem Wohnen und der Unterbringung von Gewerbebetrieben, die das Wohnen nicht wesentlich stören, z.B. Büro- und Geschäftsgebäude.

Bauliche Nutzungsart	Mögliche Nutzungsformen
Kerngebiete	Dienen vorwiegend der Unterbringung von Handelsbetrieben sowie der Wirtschaft, Verwaltung und Kultur. Wohnen im Kerngebiet nach Maßgabe des Bebauungsplanes ist häufig mit Einschränkungen, wie Lärmemissionen oder sehr dichter Bebauung, verbunden.
Gewerbe-, Industrie- und Sondergebiete	Unterbringung von Gewerbe- und Industriebetrieben. Die Wohnnutzung ist nur für Bereitschaftspersonal möglich. Häufig ist eine Bebauung mit zusätzlichem Einfamilienhaus (EFH) für den Firmeninhaber möglich (Doppelnutzungsmöglichkeit). Sondergebiete, die der Erholung dienen, sind Ferienhaussiedlungen und Wochenendhausgebiete.

Bebauungsplan

Der Bebauungsplan enthält die rechtsverbindlichen städtebaulichen Festsetzungen für ein Baugebiet. Bebauungspläne sollen eine nachhaltige städtebauliche Entwicklung und eine dem Wohl der Allgemeinheit entsprechende sozialgerechte Bodennutzung gewährleisten.

Im Bebauungsplan werden prinzipiell alle Belange der Bebauung geregelt:

- Art und Maß der Nutzung (z.B. die Bebauungsdichte und Nutzungsabsichten, wie „Wohnbebauung" oder „Industriegebiet").
- Ausweisung von Gemeinflächen für Straßen, Spielplätze, Parkanlagen, Sportplätze usw.
- Höchstzulässige Geschosszahl für Gebäude.
- Besonderheiten wie Baudenkmäler, kontaminierte Flächen oder Gebiete, die Schutz vor schädlichen Umwelteinwirkungen im Sinne des Bundes-Immissionsschutzgesetzes genießen.
- Stellplätze, Geh-, Fahr-, Wege- und Leitungsrechte.

Bebauungspläne befinden sich nicht immer auf dem neuesten Stand. So kommt es vor, dass noch Flächen für die Kleintierhaltung (Ställe) ausgewiesen sind, oder das Maß der überbaubaren Fläche entspricht nicht den heutigen Nutzungsanforderungen, es werden keine expliziten Angaben zum Dachgeschossausbau gemacht und die Form der Bebauung (Dachneigung, Kubatur) entspricht nicht den heutigen Vorstellungen. Das kann zu Problemen führen, wenn Sie im Bestand des Hauses bauen möchten.

Ein weiteres Risiko besteht, wenn Bebauungspläne nachträglich erstellt worden sind, z.B. für größere städtebauliche Maßnahmen im Straßenbau oder für große Einzelbauvorhaben. Hat der Vorbesitzer sich hier nicht entsprechend erkundigt, so können sich auf einmal Teile der ursprünglichen Bebauung als rechtswidrig erweisen! Zum Beispiel in innerstädtischen Lagen, in denen früher häufig angebaut wurde, z.B. für eine gewerbliche Nutzung, die dann im Laufe der Zeit zu einem Wohnraum umgewandelt worden ist. Im Rahmen eines nachfolgenden Bebauungsplanes wurde schließlich eine scheinbar neue Baugrenze gezogen - analog zur Bauflucht – mit der Folge, dass der bereits lange bestehende Anbau offiziell eigentlich gar nicht mehr als Wohnfläche genutzt werden darf.

Tipp   *Die Bauakte eines Objektes enthält Zeichnungen, Berechnungen, Anträge und Eingaben, die seit dem Bauantrag gemacht wurden. Der zuständige Sachbearbeiter im Bauamt wird Ihnen diesbezüglich Auskunft geben. Im Grundbuchamt (Katasteramt oder Amtsgericht) sind das Grundstück betreffende Angaben wie Größe und Flurnummer, Eigentumsverhältnisse, Dienstbarkeiten und Grundschulden zum jeweiligen Objekt vorhanden. Bei nachgewiesenem Interesse an einem Objekt ist vor dem Kauf eine Einsicht in das Grundbuch, den Katasterplan, die Bauakte und in das Baulastenverzeichnis möglich. Der Eigentümer ist verpflichtet, diese Einsicht zu ermöglichen – z.B. durch eine schriftliche Vollmacht.*

Bauen im Bestand und im Innen- und Außenbereich

Gesetzliche Vorgaben zur Bebaubarkeit von Grundstücken sind in den Paragraphen 30 bis 35 des Baugesetzbuches erfasst. Hier wird zwischen Innenbereich und Außenbereich differenziert, das Maß der baulichen Nutzung, Sicherung der Erschließung und Festsetzungen im Baubauungsplan:

§ 30 Die Zulässigkeit von Vorhaben im Geltungsbereich eines Bebauungsplanes. Zulässig sind Vorhaben dann, wenn sie die Vorgaben des vorhandenen Bebauungsplanes nicht überschreiten.

§ 31 Ausnahmen und Befreiungen von Festsetzungen des Bebauungsplanes können für das Allgemeinwohl, die städtebauliche Vertretbarkeit oder z.B. bei unbeabsichtigter Härte gemacht werden.

§ 32 Nutzungsbeschränkungen auf künftige Gemeinbedarfs-, Verkehrs-, Versorgungs- und Grünflächen.

§ 33 Zulässigkeiten von Vorhaben während der Planaufstellung. Bei Aufstellung und Realisierung eines Bebauungsplanes ist der Stand nach § 33 dann erreicht, wenn alle Träger öffentlicher Belange (Parteien, Naturschutzbehörden, Ver- und Entsorgungsbetriebe usw.) zugestimmt haben, die Erschließung gesichert ist und das Vorhaben den künftigen Festsetzungen des Bebauungsplanes entspricht.

§ 34 Zulässigkeit von Vorhaben innerhalb der im Zusammenhang bebauten Ortsteile. Innerhalb der im Zusammenhang bebauten Ortsteile ist ein Vorhaben zulässig, wenn es sich nach Art und Maß der baulichen Nutzung, der Bauweise und der Grundstücksfläche, die überbaut werden soll, in die Eigenart der näheren Umgebung einfügt und die Erschließung gesichert ist. In der Regel ist dieser Paragraph bei Bestandsimmobilien innerstädtisch anzuwenden, wenn genehmigungspflichtige Baumaßnahmen am Wunschobjekt notwendig sind. Weiterhin kommt § 34 im so genannten unbeplanten Innenbereich zum Tragen.

In vielen Städten gibt es für den älteren Bestand oftmals keinen verbindlichen Be- **Tipp** *bauungsplan aufgrund der Vielfältigkeit der Bebauung oder einfach nur aus Versäumnisgründen. Bei einem geplanten Umbau/Anbau, z.B. einer Aufstockung, wird dann nach § 34 BauGB entschieden.*

§ 35 Bauen im Außenbereich. Im Außenbereich ist ein Vorhaben nur zulässig, wenn dem keine öffentlichen Belange entgegenstehen, eine ausreichende Erschließung gesichert ist und wenn es landwirtschaftlichen und forstwirtschaftlichen oder gemeinnützigen Zwecken, wie z.B. der Ver- und Entsorgung, dient.

Interessant für Erwerber von Gebrauchtimmobilien ist die Umnutzung oder der Abriss und Neubau eines Gebäudes im Außenbereich. Dies betrifft vor allem Liebhaber von Bauernhäusern und Nutzer von ehemaligen Hofanlagen mit Scheunen und Ställen. Die Neuerrichtung von gleichartigen Gebäuden ist erlaubt, wenn das vorhandene Gebäude zulässigerweise errichtet wurde, wenn es gravierende Missstände und Mängel aufweist und seit längerer Zeit vom Eigentümer selbst genutzt wird. Nutzungsänderungen sind möglich, wenn das Vorhaben der zweckmäßigen Verwendung erhaltenswerter Bausubstanz dient und wenn die Gestalt des Gebäudes im Wesentlichen erhalten bleibt.

Relevant für den Gebrauchtimmobilienerwerb sind die gesetzlichen Vorgaben bei geplanten baulichen Änderungen, wie z.B. Anbauten oder die Errichtung eines weiteren Gebäudes auf dem Grundstück. Eine Orientierung über das, was baulich machbar ist, ist anhand der umgebenden Bebauung möglich. Wenn die Nachbargebäude zwei Vollgeschosse haben, so wird das bei Ihrem Wunschobjekt auch möglich sein, vorrausgesetzt es fügt sich in die Umgebung ein. Bei geplantem Erwerb eines Objektes im Außenbereich sollte die Anwendung des § 35 vorher genau geprüft werden.

Tipp   *Rechtssicherheit bietet eine Voranfrage beim zuständigen Bauamt. In Abhängigkeit der Entscheidung kann dieser Sachverhalt in den Notarvertrag mit aufgenommen werden. Eine Bauvoranfrage kann fast formlos von einer Privatperson eingereicht werden. Die zuständige Gemeinde muss dann eine Entscheidung fällen.*

Satzungen im Baurecht

Satzungen im Baurecht regeln, was durch andere Gesetze nicht abschließend geregelt ist. Man unterteilt sie in aktive und in passive Satzungen. Aktive Satzungen schreiben fest vor, wie etwas gebaut wird, während passive Satzungen z.B. der Bewahrung eines Gebäudes oder eines Ortsteiles dienen können. Satzungen werden von der Gemeinde bzw. von der Stadt festgelegt und beschlossen. Sie bestimmen z.B. baugestalterische Absichten, schützen städtebauliche Räume und den Erhalt des Ortsbildes. In Satzungen werden auch Stellplatz-, Müll- und Abwassergebühren festgelegt.

Die Sanierungssatzung

Die Sanierungssatzung (städtebauliche Gebote) gemäß BauGB § 142 besagt, dass Sanierungsgebiete durch Beschluss der jeweiligen Gemeinde „förmlich festgelegt" werden. Die Verwaltung dieser Sanierungsgebiete erfolgt auf Grundlage des Städtebauförderungsgesetzes durch eine städtische Sanierungsgesellschaft. Wer ein Objekt in einem förmlich festgelegten Sanierungsgebiet erwirbt, kann an dem in der Regel von einem Gutachterausschuss festgelegten Kaufpreis nichts ändern. Die Stadt erhält aufgrund solcher Festlegungen Geld von Bund und Land.

Sanierungsgebiete beruhen auf städtebaulichen Missständen. Wer ein Objekt in diesen Gebieten erwirbt und sanieren muss, kann für die Sanierung zinsgünstige Darlehen erhalten. Der Antrag muss vor Baubeginn bei der zuständigen Stelle (Sanierungsträger oder z.B. Stiftung) gestellt werden. Die Höhe der Bezuschussung ist individuell abhängig von der beteiligten Stiftung oder dem Bundesland. Es werden ebenfalls steuerliche Vorteile gewährt, basierend auf den ausgewiesenen und geprüften Baukosten ist eine jährliche Abschreibung möglich.

Die Erhaltungssatzung

Gemäß BauGB § 172, dient diese Satzung der Erhaltung baulicher Anlagen und der Eigenart von Gebieten (Erhaltungssatzung). Mit der Erhaltungssatzung kann die Gemeinde ein bestimmtes Gebiet festlegen, das seine besonderen Merkmale behalten soll. Ein typisches Beispiel für eine Erhaltungssatzung ist die Fassadengestaltung innerhalb eines Gebietes. Sie betrifft z.B. die Größe und Form der Fenster oder die Farbtöne des Anstriches.

Erhaltungssatzungen sind in der Regel positiv für den Erwerber zu betrachten, da sich so die Eigenart der umgebenden Bebauung besser erhalten lässt. Wer jedoch an eine erhebliche Umgestaltung denkt, sollte sich seine Kaufentscheidung noch einmal sehr gut überlegen.

Änderungen in Gebieten mit Erhaltungssatzung sind u.a. dann möglich,

- wenn die städtebauliche Gestalt des Gebietes durch die beabsichtigte bauliche Anlage nicht beeinträchtigt wird.
- wenn die Erhaltung der baulichen Anlage oder ein Absehen von der Begründung von Wohnungseigentum oder Teileigentum wirtschaftlich nicht mehr zumutbar ist.
- wenn die Änderung einer baulichen Anlage der Herstellung des zeitgemäßen Ausstattungszustands einer durchschnittlichen Wohnung dient – unter Berücksichtigung der bestehenden bauordnungsrechtlichen Mindestanforderungen.

Das Grundstück und seine bauliche Nutzung

Das Maß der baulichen Nutzung ist ausschlaggebend für die Art der Nachbarbebauung und der Bebauungsdichte. In der BauNVO werden die Art der baulichen Nutzung, das Maß und die Bauweise, also die überbaubare Grundstücksfläche, definiert. Ausgehend vom Siedlungsbereich wird das Maß der baulichen Nutzung gestaffelt.

Siedlungsbereich (max. Ausnutzung)	GRZ	GFZ
Kleinsiedlungsgebiete	0,2	0,4
Allgemeine und reine Wohngebiete sowie Ferienhausgebiete	0,4	1,2
Besondere Wohngebiete	0,6	1,6
Dorf- und Mischgebiete	0,6	1,2
Kerngebiete	1,0	3,0
Gewerbe-, und Industriegebiete	0,8	
Wochenendhausgebiete	0,2	0,2

Grundflächenzahl und Geschossflächenzahl

Die Grundflächenzahl (GRZ) ist das Maß des errechneten Anteiles eines Grundstückes, das von baulichen Anlagen überdeckt werden darf (Garagen, versiegelte Flächen wie Wege, Terrassen usw. zählen dazu). Ausnahmen werden nur nach Absprache bei offenporig versiegelten Flächen gemacht (Rasengitterpflaster, Schotterwege o.ä.). Zum Beispiel ergibt ein 400 m² großes Grundstück mit einer versiegelten Fläche von 200 m² eine Grundflächenzahl von 0,5.

Die Geschossflächenzahl (GFZ) gibt an, wie viele Quadratmeter Geschossfläche je Quadratmeter Grundstücksfläche vorhanden sein dürfen. Die Geschossfläche wird nach den Außenmaßen des Gebäudes berechnet. Die Summe aller Vollgeschosse ist dabei rechnerisch anzunehmen.

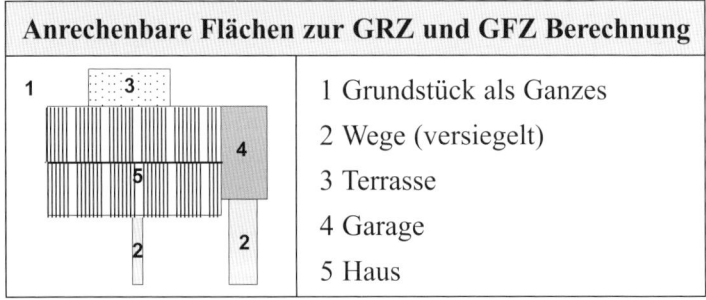

Anrechenbare Flächen zur GRZ und GFZ Berechnung

1 Grundstück als Ganzes

2 Wege (versiegelt)

3 Terrasse

4 Garage

5 Haus

Abb. 15: Anrechenbare Flächen (Biehlig)

Baugrenze, Baulinie und Baufenster

Die Bebauung kann auf einem Grundstück durch Baugrenzen auf eine Linie mit der Nachbarbebauung gebracht werden. Eine Bebauung ist nur innerhalb eines Baufensters möglich. Es muss entlang der Baulinie gebaut werden, innerhalb der Baugrenze darf gebaut werden. In beiden Fällen darf die Baugrenze nicht überschritten werden. Sonderregelungen gelten für Garagen, Carports, Schuppen und Gartenhäuser. Hier kann nach eindeutiger Abstimmung mit dem Nachbarn auch eine Grenzbebauung stattfinden.

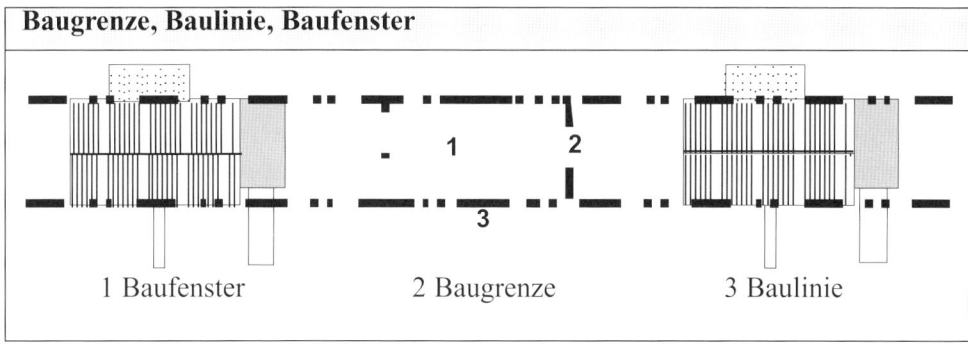

Abb. 16: Baugrenzen (Biehlig)

Abstandsflächen

Abstandsflächen sind die Flächen eines Grundstückes, die von der Bebauung freizu-
halten sind. Sie sollen ausreichend Belichtung, Brandschutz und einen gewissen so-
zialen Abstand zu den Nachbargebäuden schaffen.

Abstandsflächen bereiten in der Regel kaum ein Problem, lediglich bei nachträglich
erstellten An- oder Umbauten sollte geprüft werden, ob eine Überschreitung vorliegt.

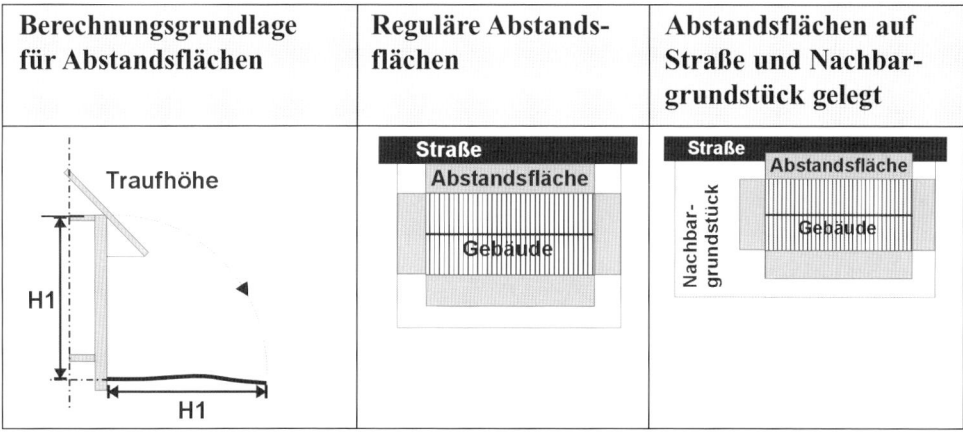

Abb. 17: Abstandsflächen (Biehlig)

Beispiel für eine Abstandsflächenregelung in einem Neubaugebiet:

Giebelseitig sind in der Regel 3 m Abstand bis zur Grundstücksgrenze einzuhalten.
Traufseitig werden die entsprechend der Dachform und des Ausbaues größeren Ab-
stände eingehalten. Die Tiefe der Abstandsfläche bemisst sich nach der Wandhöhe;

sie wird senkrecht zur Wand gemessen. Die Wandhöhe H ergibt sich aus dem Maß der Geländeoberfläche bis zum Schnittpunkt der Wand mit der Dachhaut oder bis zum oberen Abschluss der Wand (siehe Abbildung 17). Die Dachhöhe mit einer Neigung von weniger als 70 Grad wird zu einem Drittel der Wandhöhe hinzugerechnet (sonst wird die Höhe des Daches voll hinzugerechnet). Dies gilt entsprechend für Dachaufbauten, wie z.B. große Gauben.

Vollgeschossregelung

Die Vollgeschossregelung spielt beim Dachgeschossausbau, bei Souterrainwohnungen und bei Hanghäusern mit versetzten Ebenen eine große Rolle. Die Anzahl der zulässigen Vollgeschosse ist im Bebauungsplan geregelt. Unabhängig davon gilt die Vollgeschossregel analog zur Regelung für Aufenthaltsräume im Dachgeschoss und im Keller.

Folgende Regeln definieren ein Vollgeschoss (Achtung: Die folgende Auslegung kann in den Bauordnungen der einzelnen Bundesländer geringfügige Abweichungen aufweisen):

- Bei Dachgeschossen müssen mindestens 2/3 der Grundfläche eine lichte Höhe von 2,30 m haben.
- Im Souterrain (Kellerwohnungen) gilt: Vollgeschosse sind Geschosse die im Mittel der Deckenoberkante (Erdgeschossdecke) mehr als 1,40 m über die festgelegte Geländehöhe hinausragen.

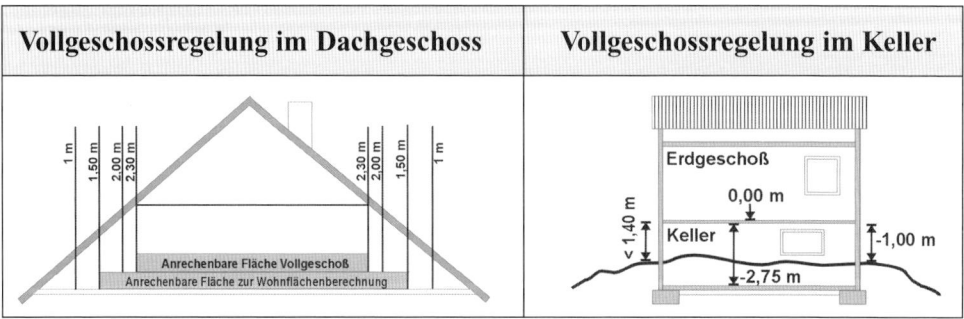

Abb. 18: Vollgeschossregelung (Biehlig)

Bei Souterrainwohnungen oder Nutzungen des Kellers als Wohnfläche gelten noch eine Reihe anderer Vorschriften bezüglich Belichtung und Feuchtigkeitsschutz. Kellerwohnungen sind genehmigungsbedürftig und in der Regel minderwertig. Häufig sind sie auch ohne Genehmigung gebaut. Anders ist es bei Hanghäusern oder

Gebäuden mit versetzten Grundrissebenen: Wenn das untere Geschoss mehr als zwei Drittel über die Normalgeländehöhe hinausragt, gilt das Souterrain als Vollgeschoss.

Nachbarschaftsrecht

Die Eigentümer der benachbarten Grundstücke sind gemäß Landesbauordnung bei baulichen Änderungen zu benachrichtigen. Die Bauaufsichtsbehörde soll die Nachbarn vor Erteilung von Abweichungen und Befreiungen informieren wenn zu erwarten ist, dass öffentlich-rechtlich geschützte nachbarliche Belange berührt werden. Einwendungen sind in der Regel innerhalb von zwei Wochen nach Zugang der Benachrichtigung bei der Bauaufsichtsbehörde schriftlich oder zur Niederschrift vorzubringen.

Die Benachrichtigung entfällt, wenn die zu benachrichtigenden Nachbarn die Lagepläne und Bauzeichnungen unterschrieben oder dem Bauvorhaben auf andere rechtswirksame Weise zugestimmt haben. Wenn Nachbarn dem Bauvorhaben nicht zustimmen, ist ihnen die Baugenehmigung zuzustellen. Häufig lässt sich eine Einigung zwischen den Parteien nur auf dem Rechtsweg herbeiführen.

Das Gebäude aus baurechtlicher Sicht

Jedes Haus wird nach der Gesetzeslage seines jeweiligen Baujahres gebaut. Was damals noch legal und Stand der Technik war, kann heute schon zum Erlöschen der Nutzungserlaubnis führen. Dieses Problem regelt der so genannte Bestandsschutz.

Bestandsschutz und bauliche Veränderungen

Bestehende bauliche Anlagen unterliegen dem Bestandsschutz. Man unterscheidet zwischen passivem und aktivem Bestandsschutz.

Nach dem passiven Bestandsschutz darf eine bauliche Anlage, die zum Errichtungszeitpunkt rechtmäßig erbaut wurde, auch dann bestehen bleiben, wenn die bauliche Anlage zum jetzigen Zeitpunkt rechtswidrig wäre. Der passive Bestandsschutz gewährt also das Recht, einen ehemals rechtmäßigen Zustand beibehalten zu dürfen, auch wenn sich dieser im Laufe der Zeit gewandelt hat. Davon betroffen sind oftmals Anbauten oder Bauten im Außenbereich, selten jedoch das klassische Einfamilien-, Doppel- oder Reihenhaus in einem zusammenhängenden Baugebiet.

Der passive Bestandsschutz bleibt in der Regel erhalten, denn er ergibt sich aus der Eigentumsgarantie gemäß Art.14 des Grundgesetzes und stellt damit eine Art von Abwehrrecht des Bürgers gegen den Staat dar.

Der aktive Bestandsschutz greift, wenn der Baubestand geändert werden soll, z.B. durch Baumaßnahmen jeglicher Art. Das heißt, dass bei bestehenden baulichen Anlagen ein Recht auf Erteilung einer Baugenehmigung für ein weiteres, damit zusammenhängendes Vorhaben besteht. Das kann eine Maßnahme zur Erhaltung sein, z.B. neue Fenster, verbesserte Dämmung, grundlegende Mauerwerksanierung usw.

Sind hingegen Erweiterungen geplant, die eine sinnvolle Nutzung erst möglich machen, so spricht man vom übergreifenden Bestandsschutz. Hierfür ist sogar eine Baugenehmigung zu erteilen, auch wenn diese Maßnahme sonst so nicht genehmigungsfähig wäre. Der aktive Bestandsschutz gilt im unbeplanten Innenbereich sowie im Geltungsbereich eines qualifizierten Bebauungsplanes.

Man unterscheidet zwischen dem aktiven Bestandsschutz für Maßnahmen der Erhaltung und dem übergreifenden Bestandsschutz für Änderungs- und Erweiterungsmaßnahmen. Ein aktiver Bestandsschutz liegt somit dann vor, wenn eine bauliche Anlage erweitert werden soll und diese Erweiterung für die sinnvolle Nutzung der bereits bestehenden baulichen Anlage erforderlich ist. Dann würde sich aus dem Bestandsschutz für die bereits bestehende Anlage ein Anspruch auf Erteilung der Baugenehmigung ergeben, obwohl die Baumaßnahme an sich eigentlich gar nicht genehmigungsfähig ist.

Für den Außenbereich ist im BauGB die so genannte umfangreiche Regelung geschaffen worden, die eine ausreichende Eigentumsgarantie bietet. Für den Innenbereich wurde die Rechtssprechung zum Bestandsschutz aber nicht aufgegeben.

Tipp   *Bei Unklarheiten immer das Bauamt befragen. Rechtlich nicht gesicherter Bestandsschutz kann nur auf dem Weg einer umfassenden Prüfung durch einen Gutachter und Fachanwalt für Baurecht sicher beurteilt werden. Die Regelungen des aktiven Bestandsschutzes sind rechtlich umstritten, zudem ist immer auf den aktuellen Stand der Rechtsprechung zu achten.*

Der Bestandsschutz für Teile des Gebäudes erlischt bei Arbeiten, die genehmigungspflichtige und wesentliche Änderungen des Objektes bedeuten. Es kann gefordert werden, dass auch die nicht unmittelbar berührenden Teile der baulichen Anlage mit den aktuell geltenden Gesetzen in Einklang zu bringen sind.

Ein Dachgeschossausbau stellt beispielsweise eine wesentliche konstruktive Änderung dar. Alle damit im Zusammenhang stehenden Maßnahmen sind zu prüfen, um nach Absprache und wirtschaftlicher Zumutbarkeit eventuelle neue Vorschriften einbinden zu können. Maßnahmen, wie z.B. ein Dachgeschossausbau, andere Anbauten oder Komplettsanierungen, setzen in der Regel deren Umsetzung nach den aktuell geltenden Vorschriften voraus.

Denkmalschutz und Baudenkmäler

Beim Erwerb von denkmalgeschützten und in einem Sanierungsgebiet stehenden Objekten werden Preis und bestehende Sanierungsansätze oftmals in einem Gutachten festgelegt. Der Verkaufspreis ist an dem vom Gutachter ermittelten Verkehrswert gebunden. Wer eine Immobilie erwerben möchte, die als Denkmal eingetragen ist, sollte sich vor dem Vertragsabschluss genau informieren. Da Denkmalschutz Landesrecht ist, hat jedes Bundesland ein eigenes, wenn auch inhaltlich durchaus ähnliches Denkmalschutzgesetz (DschG). Darin wird zwischen Baudenkmälern, Bodendenkmälern und beweglichen Denkmälern unterschieden.

Baudenkmäler sind bauliche Anlagen oder Teile aus vergangener Zeit, einschließlich der dafür bestimmten historischen Ausstattungsstücke (Türen, Fenster usw.). Zu den Baudenkmälern kann auch eine Mehrheit von baulichen Anlagen (Ensemble) gehören, und zwar auch dann, wenn nicht jede einzelne dazugehörige bauliche Anlage die Voraussetzungen eines Baudenkmales erfüllt.

In der Regel sind alle Baudenkmäler und Bodendenkmäler in einem Verzeichnis (Denkmalliste) eingetragen. Die Eintragung erfolgt durch das Landesamt für Denkmalpflege. Im Denkmalbuch werden alle besonderen Denkmäler erfasst. Die Eintragung als Denkmal ist zusätzlich im Bebauungsplan kenntlich zu machen. In der jeweils zuständigen Unteren Denkmalschutzbehörde befindet sich in der Regel ein Kurzgutachten über das Objekt. Es beinhaltet dessen (bekannte) Historie und stellt dar, was schutzwürdig ist.

Zusätzlich wird zwischen dem einfachen und dem besonderen Kulturdenkmal unterschieden. Es gelten nicht immer alle Regelungen des Denkmalschutzgesetzes. Für ein einfaches Kulturdenkmal gibt es in der Regel keine staatlichen Fördergelder. Trotzdem empfiehlt sich eine Überprüfung bei der jeweiligen Behörde, denn unter bestimmten Vorraussetzungen sind auch Sonderregelungen bzw. Ausnahmen möglich.

Ein besonderes Kulturdenkmal wird in einem Denkmalbuch vermerkt. Hierfür gilt dann auch das gesamte DschG. Bauliche Maßnahmen an einem solchen Objekt werden staatlich gefördert. Neben der steuerlichen Abschreibungsmöglichkeit können Fördergelder und verbilligte Kredite in Anspruch genommen werden. Zu prüfen ist, welche Auflagen zu erfüllen sind. Eine Beantragung der Gelder hat vor Baubeginn zu erfolgen. Alle baulichen Maßnahmen werden von der Unteren Denkmalschutz-behörde überwacht.

Denkmalschutz in der Praxis

Die Verantwortung beim Kauf eines denkmalgeschützten Hauses mit Mängeln liegt in der Regel bei dem Erwerber. Handelt es sich jedoch um wissentlich bzw. arglistig verschwiegene Mängel, so sollte in schwerwiegenden Fällen ein Rechtsbeistand und/oder ein ausgewiesener Gutachter hinzugezogen werden. Denn gemäß DschG macht sich derjenige strafbar, der ein Denkmal zerstört. Die Untere Denkmalschutz-behörde kann verlangen, dass der ursprüngliche Zustand wieder hergestellt wird, soweit dies noch möglich ist. Wer mit den zuständigen Behörden plant, kann eine bestehende „Veränderungssperre" optimaler, d.h. besser nutzen.

Baudenkmäler sollen entsprechend ihrer ursprünglichen Zweckbestimmung genutzt werden. Wenn dies nicht geschieht, ist eine dem ursprünglichen Zweck gleichwerti-ge Nutzung anzustreben. Soweit dies nicht möglich ist, soll eine Nutzung gewählt werden, die eine dauerhafte Erhaltung der vorhandenen Substanz gewährleistet. Sind verschiedene Nutzungen möglich, so soll diejenige gewählt werden, die das Bau-denkmal und sein Zubehör am wenigsten beeinträchtigt.

Der Eigentümer kann zur Duldung einer bestimmten Nutzungsart verpflichtet wer-den. Baudenkmäler sind instand zu halten, instand zu setzen, sachgemäß zu behan-deln und vor Gefährdung zu schützen, soweit das zumutbar ist. Macht der Zustand eines Baudenkmales Maßnahmen zu seinem Schutz erforderlich, so kann die zustän-dige Denkmalschutzbehörde die Maßnahmen durchführen oder durchführen lassen. Der Eigentümer kann zur Duldung dieser Maßnahmen verpflichtet werden.

Tipp   *Wer den Kauf eines denkmalgeschützten Bauwerkes erwägt, sollte sich vorher bei der zuständigen Unteren Denkmalschutzbehörde genauere Auskünfte über das Objekt geben lassen. Sind bauliche Angelegenheiten, die den Denkmalschutz betreffen, unge-klärt, ist vor dem Erwerb eine Dokumentation gemeinsam mit der Unteren Denk-malschutzbehörde anzufertigen. Im Zweifel ist der Altbesitzer dann haftbar oder der Kaufpreis kann reduziert werden. Wer den Kauf eines sanierungsbedürftigen Baudenk-males plant, sollte schon vor Erwerb das Objekt von Fachleuten untersuchen lassen.*

Baurechtliche Voraussetzungen für Aufenthaltsräume

Wer ein Haus mit Einliegerwohnung oder ein Zweifamilienhaus erwirbt, sollte prü-fen, ob die Wohnungen des Hauses gegenüber anderen Wohnungen und fremden

Räumen abgeschlossen sind. Die Wohnungen sollten jeweils über einen eigenen abschließbaren Zugang, ein Bad und eine Küche verfügen. Bei Objekten mit mehr als zwei Wohnungen gelten höhere Anforderungen, z.B. sind Abstellräume sowie Plätze für Kinderwagen usw. einzuhalten. Ebenso gelten höhere Anforderungen an den Brandschutz.

Anforderungen an Aufenthaltsräume

Aufenthaltsräume müssen eine Grundfläche von mindestens 6 m² und eine lichte Höhe von 2,30 bis 2,40 m haben sowie über eine ausreichende Belüftung verfügen. Zusätzlich, gemäß MBO (Musterbauordnung), eine mindestens 1/8 der Grundfläche große Belichtungsfläche.

Ein Objekt wird oftmals anhand der vorhandenen Wohn- und Nutzfläche bewertet. Dabei ist die Wohnfläche rechnerisch höher anzusetzen als die Nutzfläche. Die Nutzfläche wird häufig als Ausbaureserve verkauft. Eine Überprüfung der gesetzlichen Anforderungen ist vor dem Kauf unbedingt notwendig.

Ein Keller gehört ebenso selbstverständlich zur Nutzfläche wie unausgebaute Dachräume und Nebengelasse. Eine Aufwertung dieser Nutzflächen als Ausbaureserve ist, sofern es den Preis betrifft, zu bemängeln, denn auch später wird dann nur die Nutzfläche ausgebaut – und bleibt damit auch weiterhin nur eine Nutzfläche. Diese darf zwar ausgebaut, jedoch nicht zu Wohnzwecken genutzt werden. Bei einem eventuellen Schadensfall kann dann sogar die Gebäudeversicherung oder Haftpflichtversicherung eine Zahlung verweigern.

Aufenthaltsräume in Dachräumen und Kellergeschossen

Wenn bei einem Objekt schon bei der Erstellung des Dachgeschosses Aufenthaltsräume mit ausgebaut wurden, so ist dies in der Regel legal, sofern die Bestimmungen eingehalten worden sind. Wird allerdings bei einem Steildach der darüber liegende Spitzboden mit ausgebaut, so ist dieser in der Regel keine Wohnfläche. Aufenthaltsräume im Dachraum müssen über eine lichte Raumhöhe von mindestens 2,30 m über die Hälfte der Grundfläche haben und unmittelbar über dem letzten Vollgeschoss (Erd- oder Obergeschoss) liegen.

Bezüglich des Brandschutzes sind weitere baurechtliche Anforderungen, wie zusätzliche Rettungswege (z.B. Fenster), Treppenzugänge, zusätzliche Möglichkeiten des Anleiterns durch die Feuerwehr usw., zu beachten. Probleme treten vor allem bei zu niedrig ausgebauten Dachgeschossen unter Flachdächern und bei sehr steilen, sehr flach geneigten oder sehr schmalen Dächern auf. Es empfiehlt sich, hierzu fachlichen Rat einzuholen (z.B. Bauamt, Feuerwehr).

Tipp   *Vorsicht bei offensichtlich nachträglich ausgebauten Problemdachstühlen (zu steil, zu flach oder zu schmal) in Häusern der Baujahre 1850–1930, diese haben oftmals noch richtige Abstellräume im Dachgeschoss.*

Grundsätzlich sind Aufenthaltsräume im Keller unzulässig. Sie sind jedoch dann möglich, wenn sie die Anforderungen an eine natürliche Belichtung (1/8 der Grundfläche), den Feuchtigkeitsschutz und die Raumhöhe (2,40 m) erfüllen können. Dies sollte aus der Baugenehmigung ersichtlich sein! Kellerlichtschächte zählen nicht zur natürlichen Belichtung. Nachträglich ausgebaute Kellerräume ohne Hanglage und ohne frei über den Erdboden liegende Fenster sind immer kritisch zu betrachten. Bei ihrer Bewertung durch die Baubehörde, Versicherung usw. werden sie in der Regel nur als Nutzfläche definiert und bei einem Versicherungsfall eventuell gar nicht als Wohnraum anerkannt.

Unterscheidung von Wohn- und Nutzfläche

Während die baurechtlichen Vorraussetzungen für Aufenthaltsräume bereits erläutert wurden, geht es nun um die Ermittlung der Wohn- und Nutzfläche (sie sollte in Verkaufsunterlagen – Exposés – angegeben sein). Die Problematik solcher Ermittlungen liegt in den verschiedenen herangezogenen Berechnungsverfahren. Für Gebrauchtimmobilien gelten im Prinzip die folgenden vier Vorlagen:

- Die vor etwa 20 Jahren zurückgezogene DIN 283 (Wohnflächenberechnung).
- Die Zweite Berechnungsverordnung (Teil IV).
- Die Wohnflächenverordnung (WoflV).
- DIN 277 (Grundflächen und Rauminhalte von Bauwerken) in deren jeweiliger Fassung.

In den Exposés werden die Flächenangaben zur Wohn- und Nutzfläche nicht immer entsprechend der geltenden Vorgaben ermittelt bzw. gemacht. Oftmals wird nur ein kurzes Aufmaß erstellt oder bekannte Werte z.B. aus eventuell noch vorhandenen alten Bauzeichnungen werden übernommen. Bei Gebrauchtimmobilien sind Hinweise auf eine brauchbare Flächenermittelung selten zu finden. Private Verkäufer sind damit meist überfordert und Makler übernehmen die Angaben „gemäß Kundenangaben", also ohne Haftung. Ein Trick ist z.B. das Ergebnis der Quadratmeterzahl nur mit einer Zirka-Angabe wiederzugeben, sodass nach Auffassung vieler Gerichte dann auch Schwankungen von 10 bis 15 % akzeptabel werden.

Tipp

Die Klausel „Gekauft wie gesehen" im Notarvertrag setzt keine nachvollziehbar rich-tige Flächenermittelung voraus. Die Prospekthaftung wird hier nur bei arglistigem Verschweigen bzw. Vorsatz greifen. Die Chance, dass bei einer Abweichung von 50 m² bei 150 m² Fläche, gemäß Exposé oder mündlicher Aussage, eine Rückab-wicklung zu erwirken ist, dürfte nur sehr gering sein. Das Gericht wird eine derartige Abweichung als Versäumnis des Klägers erkennen.

Nur bei wissentlich illegalen An- oder Umbauten besteht eine Chance auf Rückab-wicklung. Es ist daher immer stichprobenartig nachzumessen und möglichst auch nach der Art der vorgenommenen Flächenermittelung zu fragen.

Der Unterschied zwischen der DIN 277 und der Wohnflächenverordnung (WoflV) ist die Definition der Flächen. Bei einem Einfamilien-, Doppel- oder Reihenhaus werden prinzipiell alle Flächen als Wohn- oder Nutzfläche bezeichnet. Die DIN 277 unterteilt die Nettogrundrissfläche in Verkehrsfläche (Flure), Nutzungsfläche oder Funktionsfläche (Technikräume). Die Nutzfläche wird dann zusätzlich unterteilt in Haupt- und Nebennutzflächen. Hauptnutzfläche ist die Wohn-, Büro- oder Gewerbe-nutzung. Zur Nebennutzfläche gehören z.B. Sanitärräume oder Garderoben. Die DIN 277 wurde nicht nur für den Wohnungsbau konzipiert, sondern auch für Gewerbe- oder Industriebauten. Die WoflV gilt speziell für den Wohnungsbau, daher finden sich hier andere Denkansätze.

Anrechenbar zur Wohnfläche gemäß WoflV sind:

- Unbeheizte Wintergärten, Schwimmbäder und ähnliche geschlossene Räume (zur Hälfte anrechenbar).
- Beheizte Wintergärten, Schwimmbäder und ähnliche geschlossene Räume (zäh-len ganz zur Wohnfläche).
- Balkone, Loggien, Dachgärten (zählen zu einem Viertel bis zur Hälfte).

Anrechenbar zur Wohnfläche gemäß DIN 277 sind:

- Balkone, Loggien und Dachterrassen (sind zu 100 % anrechenbar).
- Räume unter Schrägen ab 1,50 m Höhe (sind anrechenbar, müssen jedoch ge-trennt ausgewiesen werden).

Tipp

Prüfen Sie die Flächenangaben mit einem einfachen Aufmaß nach. In der Regel reicht es, die Räume in ihrer Länge und Breite zu erfassen. Hierzu benötigen Sie le-diglich Zollstock bzw. Maßband.

Beispiel: Ermittlung der Wohn- und Nutzfläche eines Dachraumes

Allen Verordnungen ist gemeinsam, dass die Wohnfläche den rechtlichen Rahmenbedingungen zu entsprechen hat. Bei der Ermittlung der Wohnfläche, z.B. im Dachgeschoss, ist folgendermaßen vorzugehen:

1. Überprüfung der Baugenehmigung: Wurde das Dachgeschoss nachträglich ausgebaut?
2. Überprüfung der Aufenthaltsräume im Dachraum: Raumhöhe von mind. 2,30 m über die Hälfte der Grundfläche, Lage: Unmittelbar über dem letztem Vollgeschoss.
3. Alle Flächen der so ermittelten Räume sind ab 1,50 m Höhe anrechenbar (entspricht DIN 277/WoflV) zur Wohnfläche.
4. Bewertung der Sonderfälle: Dachterrasse, Balkon, Loggien.

Wertermittlung von Gebrauchtimmobilien

Kein Immobilienverkäufer kann wegen überhöhter Immobilienpreise strafrechtlich belangt werden. Der eingeschaltete Makler wird zunächst versuchen, die Preisvorstellungen des Eigentümers (Verkäufers) durchzusetzen. Der auf dem freien Markt ermittelte Preis ist der angenommene, vielfach noch verhandelbare „Marktwert" einer Immobilie.

Der „Verkehrswert" einer Immobilie ist der Preis, der zum Zeitpunkt seiner Ermittlung im gewöhnlichen Geschäftsverkehr auch real erzielt werden könnte. Er wird nach rechtlich verbindlichen Vorlagen und Richtlinien für die Ermittlung der Verkehrswerte von Grundstücken ermittelt. Durch Zu- oder Abschläge wird allerdings oft versucht, diesen Verkehrswert dem Marktwert der Immobilie anzupassen.

Bei privaten Verkäufen hat ein auf der Wertermittlungsrichtlinie (WertR) basierender „Verkehrswert" für eine Immobilie keine ausschließliche Rechtskraft.

Wertermittlungsverfahren

Durch das Verfahren der Wertermittlung wird der Verkehrswert einer Immobilie ermittelt. Die „Wertermittlungsverordnung" (WertV) regelt allgemeine Grundsätze für die Ermittlung des Verkehrswertes einer Immobilie. Die „Wertermittlungsrichtlinie" (WertR) enthält Hinweise zur Ermittlung des Verkehrswertes. Ihre Anwendung soll eine objektive Ermittlung nach einheitlichen und marktgerechten Grundsätzen und Verfahren sicherstellen.

Die WertR wird häufig bei offiziellen Angelegenheiten angewendet, z.B. bei einer Zwangsversteigerung, bei dem Verkauf öffentlicher Liegenschaften, wenn Gebiete mit einer Sanierungssatzung betroffen sind oder wenn ein Insolvenzverfahren von einer Bank eingeleitet wurde. Die offiziellen Verfahren zur Ermittlung des Verkehrswertes einer Immobilie werden in der WertR dargestellt.

In der WertV (Wertermittlungsverordnung) werden folgende Verfahren geregelt:

Das **Vergleichswertverfahren** wird angewendet, wenn sich der Grundstücksmarkt an Vergleichspreisen orientiert. Dieses Regelverfahren dient der Ermittlung des Bodenwertes bebauter und unbebauter Grundstücke. Das Verfahren kommt vor allem für typisierbare Grundstücke mit standardisierten Bauformen, wie Ein- und Zweifamilienhäusern, Reihenhäusern, Siedlungen, Eigentumswohnungen und Garagen, in Betracht. Es wird häufig mit dem Ertrags- und Sachwert kombiniert.

Das **Sachwertverfahren** wird vor allem angewendet, wenn im gewöhnlichen Geschäftsverkehr der in seiner Bedeutung liegende Wert und nicht die rein sachbezogene Erwirtschaftung von Erträgen für die Preisbildung ausschlaggebend ist. Das trifft besonders bei eigengenutzten Ein- und Zweifamilienhäusern zu. Der Sachwert geht von den gesamten Herstellungskosten aus, unter Verrechnung von Wertminderungen auf Grund des Gebäudealters und des Gebäudezustandes bzw. festgestellter Baumängel und Bauschäden und sonstiger wertmindernder Umstände.

Das **Ertragswertverfahren** ist vor allem für die Ermittlung des Verkehrswertes von Grundstücken heranzuziehen, die im gewöhnlichen Geschäftsverkehr im Hinblick auf ihre Rentierlichkeit gehandelt werden (z.B. Mietwohngrundstücke, Gewerbe- und Geschäftsgrundstücke, Sonderimmobilien). Dieses Verfahren dient der Ermittlung des Wertes von Renditeobjekten.

Auf die verschiedenen Wertermittlungsverfahren wird in diesem Buch an anderer Stelle ausführlicher eingegangen.

Tipp   *Überteuerte Immobilien werden vielfach über auffallend lange Zeiträume, deshalb auch gern mit geändertem Text, inseriert. Manchmal ziehen sich diese Verkaufsbemühungen über ein Jahr hin und oft bleiben sie erfolglos. Erst in der zweiten Angebotsrunde und nach gewonnener Einsicht, dass die finanziellen Nachteile bei ausbleibendem Verkauf größer werden und eventuell auch zu Problemen beim Verkäufer führen könnten (z.B. Insolvenz), wird der Preis gesenkt. Warten kann sich also für den Käufer lohnen, denn auch der Markt bestimmt den Preis.*

Grundaufbau eines Gutachtens

Gutachten zur Wertermittlung unbebauter Grundstücke (Bodenwert) gehen auf das Grundstück und seinen Sachwert ein, sie sind sonst aber ähnlich aufgebaut wie Gutachten für bebaute Grundstücke.

Im **Sachwertverfahren** sollten folgende Angaben verfügbar sein:

- Grundstück: Eigentümer, Lage, Gemarkung, Kataster, Grundstücksgröße usw.
- Grund- und Bodenbeschreibung: Entwicklungszustand (Grundstücksqualität), zulässige Nutzungsmöglichkeiten (Art und Maß der zulässigen baulichen Nutzung), Rechte und Belastungen, Erschließungszustand (Art der Straße, Versorgungsleitungen, Beitrags- und Abgabepflichten), Wartezeiten, Bodenbeschaffenheit und Grundstücksgestalt (Oberfläche, Aufwuchs, Baugrund, Zuschnitt, Bodenvorkommen, Altlasten, Immissionen usw.).

- Lage im Baugebiet: Ortslage, Himmelsrichtung, Verkehrslage, Beeinträchtigungen, benachbarte störende Betriebe und Gebäude.
- Bodenwert anhand von Vergleichspreisen: Bodenrichtwert, Auswertung der Grund- und Bodenbeschreibung sowie Berücksichtigung des örtlichen Grundstücksmarktes.
- Erschließungsmaßnahmen (z.B. Ausgleichsbeträge), Erschließungsbeitrag und Aufwuchs.

Gutachten zur Wertermittlung bebauter Grundstücke sollten so gegliedert sein:

- Allgemeine Angaben über das Grundstück (Lage, Art der Nutzung, Gemarkung, Grundstücksgröße, Eigentumsverhältnisse usw.).
- Grundstücksbezogene Rechte und Belastungen (privatrechtliche und öffentlich-rechtliche Baulasten, werterhöhende Investitionen Dritter, sonstige wertbeeinflussende Umstände, Vergleichskaufpreise, Erwerbs- oder Gestehungskosten usw.).
- Zweck der Wertermittlung und Wertermittlungsstichtag: Ermittlung des Gebäuderohertrages und Bewirtschaftungskosten im Kalenderjahr (nur bei einem Ertragswertverfahren). Der Gebäuderohertrag setzt sich zusammen aus Bewirtschaftungskosten, Verwaltungskosten, Grundsteuer, Hausreinigung, Beleuchtung, Schornsteinreinigung, Versicherungen, Straßenreinigung und Müll. Weiter werden die Instandhaltungskosten für den Unterhalt der Gebäude und der Außenanlagen ermittelt, einschließlich Schönheitsreparaturen und einem Mietausfallwagnis.

Grund- und Bodenbeschreibung

Bei der Grund- und Bodenbeschreibung werden Art und Maß der baulichen Nutzung des Grundstückes, des Entwicklungs- und Erschließungszustandes, der Bodenbeschaffenheit, der Gestalt und Lage des Grundstückes betrachtet.

Die **Baubeschreibung** beinhaltet die Art der Baulichkeit und Zweckbestimmung sowie Baujahr nebst Gesamtnutzungs- und Restnutzungsdauer. Der Rohbau (Dächer, Wände, Treppen, Decken usw.) ist mit seinen technischen Besonderheiten bzw. Eigenarten beschrieben. Des Weiteren enthält die Baubeschreibung den technischen Ausbau, bestehend aus Gas-, Wasser- und Abwasser-Leitungen, Elektrik, sanitären Einrichtungen, Innenausbau, Fenstern und Türen, Wandbehandlung, Fußböden, Innenputz und sonstigen technischen Anlagen. Auch die Außenanlagen (Entwässerungs- und Versorgungseinrichtungen, Einfriedungen, Bodenbefestigungen, Gartengestaltung und Anpflanzungen) sowie der bauliche Zustand des Gebäudes (Baumängel, Bauschäden, wirtschaftliche Grundrisslösungen, Geschosshöhen und Ansichtsgestaltung, Kriegs- bzw. andere Katastrophenschäden) werden genannt.

Der **Bodenwert** ist der Wert des Grundstückes. Er wird aus den Verkaufserlösen von vergleichbaren unbebauten Grundstücken ermittelt. Wenn zu wenig Verkaufspreise vorliegen, kann auch auf geeignete Bodenrichtwerte zurückgegriffen werden. Zum Bodenwert kommen noch folgende Bestandteile hinzu: Grundstücksmarkt, sonstige Rechte und Belastungen, Erschließungsbeitrag, Erschließungsmaßnahmen (z.B. Ausgleichsbeträge), Ermittlungsverfahren zur Ableitung vom Ertrags- oder Sachwert zum Verkehrswert.

Das Vergleichswertverfahren

Das Vergleichswertverfahren dient der Wertermittlung von Immobilien. Mit diesem Verfahren wird der Verkehrswert von Gebäudeanlagen auf Grundstücken bestimmt. Der Marktwert einer Immobilie wird anhand tatsächlich erzielter Kaufpreise von Immobilien ermittelt, die in Lage, Nutzung, Bodenbeschaffenheit usw. mit der zu vergleichenden Immobilie übereinstimmen.

Das Problem beim Vergleichswertverfahren ist, dass Immobilien in der Regel Unikate sind. Eine Übertragbarkeit der Bewertungskriterien gestaltet sich daher schwierig. Im Vergleichswertverfahren müssen eventuelle Reparaturstaus und sonstige wertmindernde Umstände berücksichtigt werden. Bei einer vorherigen Sanierung der Immobilie ist der Käufer häufig der Geschädigte, wenn aufgrund nicht sach- und fachgerechter Sanierungs- und Modernisierungsmaßnahmen diese wiederholt, d.h. erneut finanziert werden müssen.

Auf dem Immobilienmarkt wird das Vergleichswertverfahren oftmals als Instrument zur künstlichen Teuerung einer Immobilie missbraucht. Der Kaufpreis vieler Objekte in begehrten Lagen wird so hochgehalten. Zur Ermittlung von Vergleichsfaktoren für bebaute Grundstücke sind die Kaufpreise gleichartiger Grundstücke heranzuziehen. Gleichartige Grundstücke sind solche, die insbesondere nach Lage, Art und Maß der baulichen Nutzung sowie Größe und Alter der baulichen Anlagen vergleichbar sind. Die Kaufpreise sind auf den nachhaltig erzielbaren jährlichen Ertrag (Ertragsfaktor) oder auf eine sonstige geeignete Bezugseinheit, insbesondere auf die Raum- oder Flächeneinheit der baulichen Anlage (Gebäudefaktor), zu beziehen.

Finden sich in dem Gebiet, in dem das Grundstück gelegen ist, nicht genügend vergleichbare Kaufpreise, können auch Grundstücke aus vergleichbaren Gebieten herangezogen werden. Zur Ermittlung des Bodenwertes dienen auch geeignete Bodenrichtwerte (einzusehen in Bodenrichtwertkarten). Bei bebauten Grundstücken können, neben oder anstelle von Preisen für Vergleichsgrundstücke, ebenso auch Vergleichsfaktoren verwendet werden: Weichen die wertbeeinflussenden Merkmale der Vergleichsgrundstücke vom Zustand des zu bewertenden Grundstückes ab, so ist dies durch Zu- oder Abschläge zu berücksichtigen. Die sich daraus ergebenden Abweichungen dürfen nicht höher als 30 bis 35 % sein – sonst könnte man nicht mehr von vergleichbaren Immobilien sprechen. Bei Zu- und Abschlägen sind folgende Merkmale der Immobilie zu beachten: Größe und Form, örtliche Lage, Bodenbeschaffenheit, Umwelteinflüsse, Nutzung, gesetzliche Beschränkungen, Zustand der Außenanlagen usw.

Das Sachwertverfahren

Das Sachwertverfahren dient der Immobilienbewertung. Besonders eigengenutzte, individuell gestaltete Gebäude werden mit Hilfe dieses Verfahrens bewertet. Der Wert der Immobilie bemisst sich hier nach den Kosten der Herstellung bzw. Wiederbeschaffung. Grundsätzlich wird ermittelt, welche Kosten bei einem Neubau des zu bewertenden Objektes entstehen würden. Im Anschluss wird die Wertminderung bewertet und abgezogen.

Als Grundlage für das Sachwertgutachten dienen die Normalherstellungskosten (NHK) abzüglich aller wertmindernder Faktoren. Spezifische Merkmale des Objektes können sowohl bei den Gebäudetypen als auch bei Ausstattungsstandards und Baujahresklassen berücksichtigt werden.

Im Sachwertverfahren werden Faktoren wie Herstellungskosten zum ursprünglichen Zeitpunkt, Wertminderung z.B. aufgrund der Zeit, Bodenwert, Sachwert von Außenanlagen und sonstigen Anlagen einbezogen. Aus den Berechnungen ergibt sich der Sachwert des Grundstückes.

Der **Sachwert** umfasst den Bodenwert sowie den Wert der baulichen und sonstigen Anlagen:

- Wert der baulichen Anlagen: Herstellungswert des Gebäudes, der Außenanlagen und besonderer Betriebseinrichtungen, einschließlich der Baunebenkosten, unter Berücksichtigung der technischen Wertminderung sowie sonstiger wertbeeinflussender Umstände. Eine Ermittlung des Wertes erfolgt durch den Baupreisindex des Statistischen Bundesamtes. Die Werte der einzelnen baulichen Anlagen sind getrennt zu ermitteln.
- Herstellungswert des Gebäudes: Dieser wird entweder nach gewöhnlichen Herstellungskosten für einzelne Bauleistungen oder nach den tatsächlichen Herstellungskosten auf der Grundlage von Erfahrungssätzen auf die NHK ermittelt. Baunebenkosten sind ggf. getrennt zu erfassen.
- Herstellungswert der Außenanlagen: Kann nach Erfahrungswerten oder gewöhnlichen Herstellungskosten berechnet werden.

- Wert besonderer Betriebseinrichtungen: Dieser Wert ist nach den gewöhnlichen Herstellungskosten zu ermitteln.
- Wert sonstiger Anlagen (Gartenanlagen, Parks, Anpflanzungen): Dieser Wert ist nach Erfahrungssätzen oder Herstellungskosten zu ermitteln.

Die **technische Wertminderung des Gebäudes** ergibt sich aufgrund des Alters, der Baumängel und festgestellter Bauschäden:

- Wertminderung wegen Alters: Für die Wertminderung ist zunächst die Restnutzungsdauer der baulichen Anlage festzustellen. Die übliche Gesamtnutzungsdauer abzüglich Restnutzungsdauer ergibt das für die Alterswertminderung maßgebende Alter der baulichen und sonstigen Anlagen.
- Wertminderungen wegen Baumängeln und Bauschäden sind nur dann anzusetzen, wenn diese nicht schon durch niedrige Herstellungskosten oder Alterswertminderung berücksichtigt wurden. Zu berücksichtigen ist auch die Wirtschaftlichkeit bei eventueller Sanierung im Verhältnis zur Restnutzungsdauer.

Der Wert der in Frage kommenden baulichen Anlagen wird aus den ermittelten Herstellungskosten errechnet, unter Berücksichtigung der festgestellten technischen Wertminderung sowie sonstiger, den Wert der Anlagen beeinflussenden Umstände. Dazu zählt besonders die wirtschaftliche Wertminderung, wie beispielsweise das Missverhältnis zwischen tatsächlicher und rechtlich zulässiger Nutzung der Immobilie.

Wirtschaftliche Wertminderung entsteht aufgrund zeit- oder zweckbedingter Baugestaltung, z.B. überproportionale Raumhöhen und Raumgrößen oder schlecht organisierte Grundrissgestaltung, logistische Anbindungen usw. Weitere Gründe sind eine unorganische Anordnung der Gebäude auf dem Grundstück, Zweckentfremdung und nicht mehr gewährleistete Funktionserfüllung aufgrund der Gestaltung und des Alters des Gebäudes.

Bei geringem Wert der baulichen Anlagen oder nicht mehr vorhandener wirtschaftlicher Nutzbarkeit ist der Sachwert gleich dem Bodenwert.

Grundlagen für die eigene Schätzung

Der Verkehrswert einer Immobilie setzt sich im Prinzip aus der Lage (Baulandpreis), der Bruttogrundfläche, dem Zustand (Abschläge für Bauschäden oder Mängel), den Belastungen (z.B. Wohnrechte) und sonstigen wertbestimmenden Faktoren zusammen. Eine vom Käufer selbst veranlasste Schätzung ist wichtig für die Ermittlung der Beleihungsgrenze der Banken und der daraus abgeleiteten Finanzierung. Keine Bank wird ein Objekt überfinanzieren, sondern sich immer auf eigene interne Gegengutachten verlassen, die in der Regel als Finanzierungsnebenkosten mit bis zu 200 – 300 Euro abgerechnet werden.

Bei Objekten, die im Laufe der Jahre umfassend saniert wurden, kann auf das so genannte fiktive Baujahr zurückgegriffen werden, d.h. es darf mit den Neubau-Herstellungskosten (NHK) des Sanierungsbaujahres gerechnet werden. In der Praxis wird es selten Objekte geben, die nach 1925 nicht mindestens einmal umfassend saniert wurden. Das fiktive Baujahr ist anhand des tatsächlichen Zustandes zu schätzen. Die endgültige Anpassung des Verkehrswertes an die aktuelle Situation auf dem Immobilienmarkt wird sich hauptsächlich an der jeweiligen regionalen Bedarfslage orientieren.

Als nützliche Ergänzung stellt der Autor seinen Lesern im Online-Programm des **Tipp** *Verlages Übersichten und Berechnungsbeispiele sowohl für ein Sachwert- als auch für ein Ertragswertverfahren zur eigenen Schätzung einer Gebrauchtimmobilie zur Verfügung! Zugang über www.blottner.de (siehe dort „Service" → „Informationen, Checklisten" → „Kauf-Ratgeber (Gebrauchthaus)" – kostenfrei!*

Die im Buch häufiger erwähnte „Wertermittlungsrichtlinie" (WertR) finden Sie übrigens komplett auch im Internet auf den Seiten der Bundesregierung als PDF-Datei zum downloaden.

Schlusswort

Faszinierend an Wertgutachten ist, dass bei drei Gutachtern in der Regel auch drei Preise entstehen, und dass schließlich ein vierter, nämlich der Verkaufspreis, realisiert wird.

Es gibt zu viele variable Beeinflussungsfaktoren, die im Zweifel für den Auftraggeber des Gutachtens gedreht werden können. Ein Wertgutachten ist daher auch immer kritisch zu hinterfragen. Die Werte der Berechnungen bei einem Einfamilienhaus können um etliche tausend Euro schwanken. Ein auf Veranlassung des Verkäufers erstelltes Gutachten ist daher immer als Verhandlungsbasis anzusehen und dem örtlichen Immobilienmarkt anzupassen. Ein eingeschalteter Gutachter muss von beiden Vertragspartnern akzeptiert werden.

Autor und Verlag hoffen, dem Leser in seiner Situation als Kaufinteressent für ein Gebrauchthaus mit diesem Ratgeber das wesentliche Rüstzeug für seine Objektauswahl und für seine Verhandlungen in verständlicher und anwendungsfreundlicher Darstellung vermittelt zu haben.

Immobilien-Wortschatz frei übersetzt

Beim Durchforsten des Anzeigendschungels im Immobilienteil vieler Zeitungen oder im Internet fällt auf, dass der Fachwortschatz oft mehr verspricht als die Immobilie dann in der Realität einhält. Damit Sie sich im Immobilienteil gut zurecht finden können und bei der Hausbegehung keine bösen Überraschungen erleben, hier ein vom Verlag des vorliegenden Buches angefügter Überblick über häufig gebrauchte Floskeln und deren freie „Übersetzung".

Altbau

Gut erhalten = es besteht Renovierungsbedarf
Zimmer mit hohen Decken / Großzügige Räume = verursachen höhere Heizkosten
Zimmer mit hohen/breiten Fenstern = Mehrkosten für Heizung bzw. Sonnenschutz
Zimmer mit Sprossenfenstern = Putzprobleme für die Hausfrau/den Hausmann
Dachgeschoss ausbaufähig = evtl. gar nicht möglich, zum Beispiel wegen Brandschutz
Aufwendig saniert = evtl. nur, um das Haus erst mal in Normalzustand zu versetzen
Dielenböden/Holztreppen = auf Oberfläche und Knarren prüfen (Sanierungsbedarf)
Laminatböden = den Unterbau auf Zustand prüfen
Fachwerkhaus = erhöhter Umbau- und Modernisierungsaufwand, Stellflächenprobleme
Denkmalschutz = die Eigentümerrechte werden vom Denkmalpfleger beeinflusst
Schallschutz nach (DIN) Norm = Vorsicht, das ist nur das geforderte Minimum

Architektur

Doppelhaushälfte = den Nachbar und dessen Eigenheiten kauft man automatisch mit
Außergewöhnliche Gestaltung = über Geschmack lässt sich streiten
Designer-Ausstattung = unverputzte Wände, viel Metall und Glas
Ohne Angabe des Baujahres = vermutlich älteres Haus
Experimenteller Wohnungsbau = es könnte sich um eine technische Katastrophe handeln
Wohnhaus halbfreistehend = Doppelhaushälfte
Individuell gestaltet = das kann auch ein „verkorkster" Raumzuschnitt sein
Landhausbauweise = könnte auch ein ausgebauter Stall oder eine Scheune sein
Studio-Wohnung = z.B. saalartiger Ausbau des Dachgeschosses (ohne Zwischenwände)
Haus im Jugendstil = nur reduzierte Haustechnik möglich
Wintergarten = im Winter erhöhte Heizkosten, im Sommer nicht willkommene Sauna
Schöne, breite Straßenfront = hohe Anlieger- und Straßengebühren
Unterkellert = bedeutet nicht unbedingt „voll" unterkellert!
Wohnlich ausgebautes Souterrain = könnte der ausgebaute Kohlenkeller sein
Große Glaskonstruktionen = schön, aber wer soll das alles putzen?

Außenanlagen

Mit Garten (ohne weiteren Zusatz) = grundlegende Neuanlage erforderlich
Gemeinschaftsgarten = Gefahr von Streitigkeiten um Benutzung der Anlage
Biotop im Garten = pflegebedürftiger Tümpel, evtl. mit Insekten und Froschgequake
Großes Parkgrundstück = hohe Pflegekosten
Terrasse oder Balkon zum Innenhof = Einsicht in das nachbarschaftliche Freizeitleben
Swimmingpool (innen oder außen) = hohe Unterhaltungskosten

Mietgarantie

Beste Mietgarantie = Erlöse sind im Kaufpreis des Hauses schon einkalkuliert
Einliegerwohnung = „wird frei" oder „ist frei" sind zwei Paar Schuh!
Voll vermietet = kann nach drei Monaten schon anders sein (Kündigungsfrist)

Wohnlage

Ruhige Lage = etwas weniger laut als üblich
Ideal für die junge Familien = laute/lärmende Umgebung
Begehrte/bevorzugte Lage = überhöhtes Preisangebot
Jugendliches Ambiente = Kneipen, Bars und Diskotheken in unmittelbarer Umgebung
Zentrale Lage = könnte auch laut und/oder schmutzig sein
Ruhige Randlage = langer (Feld-)Weg bis zum Zentrum
In unberührter Natur = weidende Kühe und Ackerland
„Unverbaute" Südlage = heißt nicht „unverbaubare" Südlage!
Aufstrebendes Wohnviertel = hier wird demnächst viel gebaut
Top-Lage = erschlossenes Neubaugebiet
Gute Verkehrsanbindung = Haltestelle vor dem Haus, Lärm durch Schienenfahrzeuge
Wenige Autominuten in die Stadt = Stadtrandlage ohne Bahn- oder Busanbindung
Nahe Einkaufsmöglichkeiten = morgendlicher Lärm durch Anlieferungen
Erholungsgebiet (1) = im Sommer erhöhter Parkbedarf für fremde PKWs am Grundstück
Erholungsgebiet (2) = abseits in dörflicher Lage
Neubaugebiet = hier wird noch viel gebaut, bringt Baulärmbelästigung
Eckhaus = evtl. doppelte Anliegerkosten und doppelter Verkehrslärm
Hanglage = zusätzliche Gefahr von Feuchtigkeit

Quellenangabe: Dieser "Immobilien-Wortschatz" wurde in Anlehnung an eine ähnliche Darstellung in „Haus und Grund Deutschland" inhaltlich vollständig neu gefasst, erweitert und vom Lektorat des Verlages für das vorliegende Buch bearbeitet.

Stichwortverzeichnis

Buchempfehlungen des Autors:

Ratgeber energiesparen-
des Bauen
Neutrale Fachinformation
für mehr Energieeffizienz

Kompetenter, verständ-
licher Ratgeber mit pro-
duktneutralen und unab-
hängigen Fachinformatio-
nen, anwendungsgerecht
dargestellt. Damit lassen
sich im Neu- und Altbau
alle geeigneten Maßnah-
men von Anfang an be-
rücksichtigen und einpla-
nen, ohne hohe Mehrkos-
ten! Dämmung, Wärme-
brücken, Heizung, Fens-
ter, Stromverbrauch.
Diese 3. Auflage wurde
unter anderem um den
Energiepass erweitert.

Von Thomas Königstein
Reihe "Bau-Rat:", 192
Seiten, zahlreiche Check-
listen. Format 17 x
24 cm. Kartoniert
ISBN 978-3-89367-113-7

Feuchtigkeitsschäden
im Haus
Ursachen erkennen,
Schäden beseitigen

Bei Feuchtigkeitsschäden
im Haus hilft dieses Buch.
Es zeigt dem Bauherrn
bzw. Hausbesitzer, wie
man die verschiedenen
Arten von Feuchtigkeits-
schäden erkennen und in
ihrem Ausmaß besser ein-
schätzen kann. Es zeigt an
realen Beispielen sowohl
die bald zu ergreifenden
Maßnahmen als auch die
Gefahren bei deren Unter-
lassung auf. Mit Erläu-
terungen und zur Überwa-
chung der richtigen
Schadensbeseitigung.

Von Herbert K. Kalcher
Reihe "Bau-Rat:", 2. Aufl.
120 Seiten, 147 farbige
Abbildungen. Format 17 x
24 cm. Kartoniert
ISBN 978-3-89367-098-7

Bau-Finanzierung
leicht gemacht
Damit der Traum vom
eigenen Heim nicht zum
Albtraum wird

Ein zuverlässiger, anwen-
dungsbezogener Geld-Rat-
geber für den Erwerb von
Immobilien, den man gut
verstehen kann. Das Buch
konzentriert sich auf die
Darstellung der jeweils
günstigsten Gestaltung
einer Bau-Finanzierung als
wichtigste Voraussetzung.
Ohne das un- oder miss-
verständliche "Finanz-
Chinesisch", verweist es
auf Probleme bzw. auf die
bessere Lösung.

Von Frank Littek
Reihe "Bau-Rat:", 144
Seiten, zahlreiche Check-
listen. Format 17 x 24 cm.
Kartoniert
ISBN 978-3-89367-103-8

Blottner Verlag · 65232 Taunusstein · www.blottner.de

Bücher für schöneres Wohnen

Bücher für schöneres Wohnen

Wohnen mit Kindern
Planen, einrichten, erle-
ben: Kinderzimmer, Spiel-
paradiese, Erlebnisräume

Beispiele und Anregun-
gen für familien- und
kindgerechte Planung bei
unterschiedlichsten Vor-
aussetzungen, Situationen
und Altersstufen - vom
liebevoll gestalteten
Baby- und Kleinkindzim-
mer über das Jugendzim-
mer bis zum richtigen
"Kindertrakt". Es geht um
Gestaltung von Lebens-
und Erlebnisräumen wie
auch um die altersgerech-
te Anpassung der Wohn-
welten für jedes Alter.

Von Thomas Drexel
120 Seiten, 174 farbige
Bilder, 20 Grundrisse.
Format 21,5 x 27 cm.
Fester Einband
ISBN 978-3-89367-104-5

Wohnräume: planen,
einrichten, erleben
Tipps und Ideen.
Materialien und Beispiele

Der Wohnraum ist das
Zentrum eines Hauses.
Ob separat, ausgeführt als
Wohn-Esszimmer oder
kombiniert mit einer offenen Küche. Er ist nicht
nur der meistgenutzte,
sondern zugleich der
kommunikativste Raum.
Deshalb wird seiner Ge-
staltung besondere Auf-
merksamkeit geschenkt.
Das Buch stellt gelungene
Beispiele für Entwürfe
und Ausstattungen vor.

Von Johannes Martin
128 Seiten, 190 farbige
Bilder, 81 Grundrisse.
Format 21,5 x 27 cm.
Fester Einband
ISBN 978-3-89367-108-3

Das neue Buch der
Wintergärten und
Glasanbauten
Planen, Bauen, Wohnen:
Ideen mit Glas

Dieses Buch bietet Bei-
spiele schöner Wintergär-
ten - sei es als Umbauten,
An- und Ausbauten oder
in Kombination mit Bal-
konen, Terrassen und Ga-
ragen. Die Reportagen
bieten Fachinformationen
zu den einzelnen Bau-
maßnahmen. Außerdem
findet man alles, was man
für die Planung und Aus-
führung eines Wintergar-
tens wissen muss.

Von Kurt Jeni
128 Seiten, 208 farbige
Bilder, 11 Grundrisse.
Format 21,5 x 27 cm.
Fester Einband
ISBN 978-3-89367-636-1

Blottner Verlag · 65232 Taunusstein · www.blottner.de